우물마루

박장원 평론집

수필로 쓴 수필론

우물마루

부나비

인사말

흔히 수필이론이 없다고들 합니다.

사실, 알고 보면 떠다니는 구름과 흘러가는 물, 저들은 쉬지 않고 우리에게 무엇을 이야기하고 있습니다.

없다는 것은 많다는 것입니다.

반짝이는 구름과 속삭이는 물결이 전하는 심상을 얼기설기 꾸몄습니다.

중국문학에 관한 이야기를 많이 한 것 같아 부담스럽습니다.

그 이야기를 내 것으로 쉽고도 간결하게 소화시키지 못하니 어정쩡한 부분이 적지 않습니다.

언제나 뜻은 깊지만 말이 쉬운 글을 쓰게 되는지요.

생활 속에서 숙성하는 수필.

수필에 담긴 인생의 혼을 투박하게 우물마루처럼 깔았습니다.

이 우물마루에서 하늘의 구름을 바라보고 흘러가는 개울물과 속삭인다면 더할 나위없는 바람입니다.

2011년　박장원

박장원 평론집
수필로 쓴 수필론 우물마루

인사말 4

1. 물방울

먹빛 10
옥편 12
소박이 17
하얀 바탕 19
물방울 26
우물마루 30
듣는다 33
황제를 위한 도형 37

2. 숨은 그림 찾기

문단의장文短意長 44
정자나무 짙은 그늘 46
그물을 활짝 펼쳐라 49
숨은 그림 찾기 52
따뜻한 영혼을 전한다 79

3. 우연히 썼네

심심한 그 맛 84
멋과 분위기 87
우연히 썼네 99
맵시 102
청출어람이청어람 104
시간과 공간의 삶 109
무늬도 곱게 112
권태 115
큰 바위 얼굴 118

4. 코끼리 이야기

선線 122
바다의 얼굴 124
바람으로 131
코끼리이야기 134
상형문자象形文字 141
유머의 에스프리 144
동파 전東坡 前 160

5. 마음을 쓸다

작품에 갈채를 보낸다 172
마음을 쓸다 175
현수막 180
창 183
수필문학 방황기 188
새긴다 191
타인의 관점 194
나그네는 마악 떠나려하는데 197

부록
한국수필문학 발자취 200

1. 물방울

소재론

차가운 지성과 뜨거운 감성에 고귀한 슬픔이 밀착된 수필의 혼. 우리는 늘 슬픔을 가장한 슬픔만을 남에게 보여 왔던 것인가, 아니면 사무치는 슬픔을 모르고 살았던 것인가. 아무 때나 운다고 슬픈 것은 아니다. 풀잎에 이슬 벙글 듯이 진정으로 울어야 한다. 너그럽지 못하면 슬픈 미소를 지을 수 없다. 내 경계를 허물어야 사물이 보인다. 관조다. 만물에 대한 사랑이 없다면 감정은 가면일 뿐이다.

- <물방울> 중에서

먹빛

며칠 전, ≪TV쇼 진품명품≫이 빛났다.

조선 명필 한석봉의 서첩 세 권이 화려한 나들이를 하였다.

엄청난 감정가에 놀라고, 소중한 문화유산이 보관되어진 것에 즐거워했다. 떡장사 어머니의 가르침을 밑거름 삼아 임금이 총애하는 서예가로 이름을 드날렸고, 어명으로 쓰여 진 ≪석봉천자문≫은 세세연년 귀감이 되는 글씨로 남았다.

저런 보물 하나가 내게도 하는 막연한 바람이 있지만, 열린 공간에서 그런 진품들을 얼마든지 가까이 할 수 있다. 다만 진정으로 부러운 것은 바로 그 먹빛이다. 맑으면서도 깊고, 깊으면서도 그윽한 그 붉은 빛 감도는 현현玄玄한 빛깔을 보면 저절로 코를 쿵쿵거리게 되고, 마음까지 편안해 진다. 한호가 붓을 잡기 전, 일년간 밤낮으로 오로지 먹만 갈고 또 갈았다는 이야기가 전해온다.

얼마나 지루한 준비와 성실한 인내인가.

어쩌면 우리는 지금 삶이라는 벼루에다가 세월의 먹을 갈고 또 가는 것이다. 벼루가 인생의 마당이라면 먹은 세월이 응고된 자신이다. 끊임없이 돌아가는 시간의 물레방아처럼 먹은 벼루의 공간을 돌고 돌아 나만의 순정한 체액을 만들어내야 할 터이다.

수필도 인간의 본성을 생생한 빛깔로 그려내는 문학이다.

개성적 스타일이 가장 명료하게 나타나는 수필에서 깊고 깊은 먹빛. 그래서 문장의 내면에다 깊으면서도 맑고 그윽한 정채精彩를 풀어야 하기에, 삶이라는 벼루에다가 인생의 먹을 갈고 또 가는 지루한 준비와 성실한 인내를 감내해야 한다.

숙연한 마음으로 부드럽게 먹을 잡고 가벼운 현기증을 느낄 묵향을 은은히 피워 내는 시간을 차분히 기다리다보면, 언젠가는 진정한 속내가 불현듯 드러나지 않을까.

옥편

초등학교 다닐 때, 담임선생님한테 과외를 받았다.

저녁 먹고서 어두컴컴한 길을 걸으면, 짙푸른 하늘에는 별이 총총하였고 모내기 마친 논에는 개구리 울음소리가 쟁쟁하였다. 파란 철대문집. 선생님은 건넌방에서 중학교에 진학하는 누나들과 계셨고, 나는 안방에서 사모님과 마주앉아 공부하였다.

옥편 보는 법을 배웠다. 먼저 앞쪽 부수색인을 펼쳐 페이지를 확인하고서 책장을 넘겨서 그 부수를 찾아 나머지 획수를 헤아리면 거기에 보석이 있었다.

그래서 그랬는지, 중국문학을 전공하였다.

말이 전공이지 아는 것은 없고, 모르는 것만 더 많아졌다.

요새는 한자를 찾으려면 컴퓨터를 켠다. 옥편을 보려면 돋보기를 찾을 정도로 눈이 나빠졌지만, 어림짐작으로 부수를 확인하고 책장을 겨우겨우 넘기면 그곳에는 찾는 한자가 없다. 눈은 감감해지고 마음은 헛헛해진다. 십년공부 도로아미타불이다.

이제는 옥편을 거꾸로 본다. 한글로 된 자음색인이 있고, 내가 찾고자 하는 한자 밑에 깨알같이 페이지가 적혀 있다. 헛고생은 하지 않는다.

'바를 정正'을 찾으려, 이 궁리 저 궁리 해본다.

'두 이二'의 세 획을 '장인 공工'의 두 획을 찾아도 없다. '그칠 지止'를 부수로 하여 한 획을 찾으면 될 것을, 뒤쪽에서 한글로 '정'을 찾아 페이지를 확인하는 것이다. 더 가슴이 시린 것은 다음부터는 이런 일이 없어야 하는데, 이런 엉뚱한 수고는 반복된다. 머리가 아프다.

보는 법이 따로 있나 보다.

수필을 소재의 문학이라고 한다.

그렇다면 시나 소설은 제재가 없어도 되는 장르인가.

제재의 지루한 나열은 진부하다. 이번 휴가에 유럽에 다녀왔다고 너도나도 뻔한 체험담을 장황하게 나열한다. 새로운 이야기를 듣고 싶어 하는데, 백년하청으로 물이 맑니 탁하니 하고 있으면 누구도 귀를 기울이지 않는다.

목적을 가지고 해박한 지식과 철학적 사유로 자신의 의견을 전하는 정수필正隨筆 포멀에세이Formal Essay 같은 긴 수필이 있다. 혹자는 이런 에세이가 한국에서도 나와야 하는데, 그런 역량을 지닌 수필가가 우리에게는 없다고 아쉬워한다.

아무튼 요새는 짧은 수필을 선호한다.

소재에서 정련된 몇 개의 제재를 가지고 맵시 있는 수필을 쓸 수 있다. 그러기에 수필에서 소재를 찾는 법은 쉽지 않다. 그리고 제한된 제재를 가지고 한 편의 문학수필을 써야 하기에, 그 제재의 탐구는 남다른 실험정신에서 나와야 한다. 때문에 에세이는 '실험'이라는 어원을 내포하고 있다. 예를 들어 '달'을 제재로 글을 쓸 때 '달아달아 밝은 달아'한다면 그것은 곤란하다.

'정正'은 '한 일一'과 발 모양을 본 뜬 '그칠 지止'가 만난 문자이다.

한 일과 그칠 지가 어울려, 발이 목표를 향해 똑바로 나아가는 모습이 '정正'이다. 발이 한 곳에 멈춤을 나타내는 '그칠 지'를 알지 못하고서는 '바를 정'을 옥편에서 찾아 낼 수 없다.

명경지수明鏡止水.

장자莊子는 명경과 지수를 나란히 배열하였다. 밝은 거울과 잠잠한 물로, 고요하고 깨끗한 마음이다. 그런데 '그칠 지'가 나에게는 아무래도 거북하다. 삼척동자도 알 수 있는 '갈 지之'였으면 '밝은 거울 같은 물'이라고 하여 이해도 쉬울 터인데, 웬 '멈출 지止'인가 내심 불편하다. 그러나 명경지수에서 '지止'를 모르면, 볼 때마다 이해하기 어렵다.

일정하게 규격화된 체제는 필요 없고, 다만 커다란 그릇만이 유효하다.

수필의 본질은 무형식의 형식이다. 형식에 준한 짜여진 문장에 수필을 담을 수 없으며, 내용에 따른 알맞은 형식을 새롭게 생산해야 한다. 정하여진 체제, 즉 형식은 없을지라도 커다란 체제, 즉 문체의 문학적인 품격Literary grace을 지녀야 한다는 이 이야기는 오래전부터 전해 온다.

이런 일련의 독특한 제재를 염주 꿰듯이 교훈적이거나 교육적인 목적을 가지고 한 편의 에세이를 엮는다면, 정수필인 포멀에세이가 탄생하는 것이다. 대표적인 작가는 프란시스 베이컨이다. 그리고 비정수필非正隨筆 인포멀에세이Informal Essay는 붓 가는 대로 쓰듯 목적이 없다. 유명한 문학적인 에세이스트 찰스 램이다. 그러기에 19세기 영국문학사에서는 베이컨과 램을 산문가라는 영역에서 수필가로 독립시켰다.

아마도 포멀과 인포멀이 절묘하게 배합된 에세이가 나왔다면, 영국에세이는 아직도 많은 사람들의 사랑을 받았을 터이다.

서정과 서사 그리고 설리가 어우러진 호방하면서도 자유롭고 그리고 의미심장한 수필을 우리는 요구하고 있다. 당연히 세계에서 가장 많은 수필가들이 왕성하게 활동하고 있는 한국에서 이런 수필이 영롱한 구슬처럼 빛을 발하여야 한다.

옥편.

주옥같은 글자를 꿰어서 그런 이름을 붙였을까.

소재는 삼라만상이다.

먼저 삼라만상에서 나만의 제재를 끌어당겨 가슴에 품어야 한다.

소재에서 제재를 알아보는 법은 마치 옥편에서 정자正字를 찾는 것과 같은 노정이다.

소박이

'소박이'와 '소배기'.

어떤 것이 바른 표현일까?

알쏭달쏭 이런 질문에 긴가민가하여 가끔 머뭇거릴 때가 있다.

소를 박아서 소박이.

오이를 팔팔 끓인 짠 소금물로 절여 적당한 길이로 잘라 십자로 칼집을 내고, 붉은 고추와 싱싱한 배를 갈아 부추와 파 마늘로 양념하여 버무린 소를 박은 것이 오이소박이.

'박다'의 뜻이 살아 있으면 '박이'가 된다.

붙박이, 점박이, 판박이, 차돌박이.

소 양지머리뼈 부위의 차돌박이는 붉은 살 속에 하얀 지방질이 촘촘 박혀 있어 보기는 좋다. 그러나 육질이 차돌처럼 단단하다. 때문에 대패질하듯 얇게 썰어 살짝 구우면 기름이 금세 쫙 흐른다. 고기에 차돌로 소를 박아 차돌박이라는 표현이 야물다.

　아무튼 음식은 먼저 눈으로 먹고 코로 먹고 입으로 먹는 것이 순서다. 음식 속에서 뒷맛Aftertaste을 만들 수 있는 사람은 그리 많지 않다.

　수필도 그렇다. 누구나 글을 쓸 수야 있겠지만, 글 가운데서 글을 알고 또 말할 수 있는 사람은 그리 많지 않다. 싱싱한 소재 가운데 정선된 많은 제재들을 요리조리 잘 버무려, 이 제재들이 서로 깔끔한 맛과 유려한 멋으로 호응하면 중심제재가 되고, 그 중심제재를 아삭하게 별미화別味化 시키면 성공적인 주제다.

하얀 바탕

삼라만상이 소재이다.

작가의 뜨거운 체온이 전해지면 소재는 제재로 생명력을 얻게 된다. 그 제재가 작가의 손길을 통해 생생해지면 주제가 된다.

소재를 통한 주제의 접근, 주제 다음의 소재 모색은 마치 계란이냐 달걀이냐의 차이이며, 선택된 소재인 제재가 어떻게 놓이고 어떤 자리를 차지하게 되는가에 따라 주제의 강도가 결정되는 것이니, 중심제재의 적절한 운용과 효과적인 포석은 바로 매끄러운 구성과도 직결된다.

소재를 향한 집념엔 인생이 걸려 있다.

강태공이 곧은 낚시를 드리울 땐 아무도 느긋한 그의 기다림을 이해하지 못하였다. 그런데 문왕文王이 나타나면서 실마리가 풀리게 되었다. 강태공에겐 문왕만이 최상의 중심제재이자 주제였다.

소재파악을 마친 후, 그 소재가 자기의 제재로 낚이기를 기다리고 있었던 터이다. 금 덩어리가 지천으로 널려 있다면 이미 금이 아니듯, 소재에서 참신한 제재를 얻어내는 작업도 일생에 그리 빈번하지는 않을 것이다.

소재와의 만남에서 수필은 힘차다.

자하가 묻는다. 활짝 웃음에 보조개가 어여쁘고 아름다운 눈에 눈동자는 선명한데, 흰 비단으로 채색한다는 말은 무엇입니까. 공자가 이르길, 그림 그리는 일은 흰 비단을 마련한 다음에 하는 것이다.

— 《논어論語》·〈팔일八佾〉 중에서

바탕을 제자는 간과하였지만, 스승은 중요시하였다.

'그림 그리는 일은 흰 비단을 마련한 다음(繪事後素)'이란 말에는 유·무형을 망라한 소재의 탐구가 선행되어야 한다는 암시가 깔려 있고, 무늬 없는 흰 바탕의 '소素'에는 주관과 객관이 하나 된 공시적 파노라마의 여백이 확보되어야 하는 것이다.

공자는 '일이관지一以貫之'를 노자는 '성인포일聖人抱一'을 석가는 '만법귀일萬法歸一'을 종지로 삼았으니, 하나에서 시작되고 다시 하나로 돌아가는 것이 우주의 힘이고 이치이며, 모든 것을 하나로 하나를 다시 모든 것에 투영하는 수렴과 발산의 탄력적인 심상心象은 하늘보다 높고 바다보다 넓은 것이다.

때문에 안중에는 시시콜콜한 일이 없고 흉중에는 자디잔 계책이 없으며 수중에는 자잘한 필법이 없으며, 작은 주제로 큰 논리를 제시하는 것을 대가의 영역이라고 청나라 김성탄金聖嘆은 말하였다.

소재는 화두의 풀림이다.

일상의 잡박함을 말꼬리 이어 가며 성 쌓고 남은 돌처럼 그저 벌여 놓는다고 수필이 되지는 않는다. 소재가 성공하면 이미 절반이며, 작가는 구도자의 모습으로 최고의 선善인 존재를 단순명료하게 드러낸다.

그러기에 삶의 공간을 깨끗이 비우고 가득 채우는 유연한 소재의식은 도가의 소요유逍遙遊처럼 자적하다. 하나에서 시작되고 다시 하나로 돌아가는 우주의 힘을 하얀 바탕으로 삼는다면 수필의 화폭에 풀벌레에서 하늘까지도 담을 수 있는 것이다.

소재가 문학적 생명을 획득하는 것은 수필가와의 진정한 만남이다.

　만남이 있어야 사랑도 무르익듯이, 애정 어린 관심과 시선에서 발아되는 문학이 특히 수필이다. 모든 것은 가까이 있지만 마음이 없으면 멀어지는 법이다. 사람도 사물도 그렇다. 우연보다는 필연에 가까운 것이 자연이기에 작가의 시선은 여기에 머물러야 한다. 특히 수필가는 사랑의 마음으로 듣고 또 볼 때 수필문학은 시작되는 것이다.

　예술이 생활이고 생활이 예술이지만, 삼라만상에 생명을 불어넣어 형상화시키는 작업이 바로 예술가의 몫이다. 공감하고 있는 것을 강요하면 억지이고, 관심밖에 있던 것을 공감시키는 것이 예술행위이며 생명의 창조이니, 예술가의 실험적인 삶은 여기에 근거해야 한다.

　시를 몰라도 또는 알아도 자연은 누구에게나 친숙하지만, 작가의 시선은 언제나 소재素材의 소재파악所在把握에 형형한 빛을 보내야 하는 것이다. 이 형안炯眼은 작가의 역량에서 비롯된다. 독서·관찰·체험 그리고 사고를 통한 작가의 수업정년은 없다. 직·간접적인 뼈를 깎는 접촉에서 소재는 불현듯 노두露頭를 드러낸다. 자연에서 숨죽이고 있던 소재가 작가의 눈에 포착될 때, 금맥을 찾은 갱부의 눈빛처럼 형용할 수 없는 감동과 충격이 없다면 그것은 맥석脈石에 불과하다. 명검이 칼집에서 서서히 뽑혀 질 때 발하는 푸른 검광 같은 소재는 작가에겐 천재일우의 영감이다.

화가는 화구를 연주가는 악기를 챙겨야 하고, 작가는 자신을 뭔가에 투영시켜야 한다. 투사의 조건은 과학적이면서도 논리적이어야 하고 사물에 대한 사랑의 마음으로 다가서야만 무형의 소재는 유형의 제재로 감지되고, 그 제재가 혹독한 세련의 단계를 거치면 작가에겐 서 말의 구슬이 되는 것이다. 보석은 갈고 닦을수록 영롱해지니, 구슬 아니면 돌멩이를 택할 것인가는 작가의 재량도 되지만 남다른 역량이다. 구슬이 서 말이라도 꿰어야 보배라는 말은 소재가 제재에서, 다시 주제로 우뚝 서는 일련의 창작과정이 극적으로 마감된다는 의미이기도 하다.

　　삼 획은 하늘과 땅 그리고 사람이며, 그 가운데를 이은 것은 그 도를 통한 것이다.

　　동중서董仲舒의 《춘추번로春秋繁露》에서의 '왕王'의 해석은 흥미 있다.

권위의 대명사인 제왕을 기하학적으로 풀이하여 한자말의 깊이를 배가시켰다. 하늘과 땅과 사람, 바로 천지인天地人의 합일은 중국 지식인의 화제였다. 하지만 불행한 군주는 분리시켰고 백성은 오랜 세월 허리를 펴지 못하였고, 그것을 당연시하는 역사도 있었다. 지배자의 바탕이 불순하면 족쇄이다.

때문에 삼 획의 가운데를 잇는 바탕은 사랑이어야 한다.

아마 우주의 시작도 하나였으니 바탕도 하나일 것이다. 작가는 창조자이다. 창조는 빛이고, 빛은 사랑이다. 작가의 본질론이 여기에 근거해야 된다는 것은 너무도 당연한 일이다.

소재도 마찬가지다.

여하히 소재론을 추구하였지만, 설만 분분하다. 삼라만상이 소재라는 이야기를 자주 하지만, 그것에 대한 운용과 접근이 부족하다. 어둠에 묻힌 우주는 작가의 선택에서야 비로소 밝아진다. 이것이 문학의 출발이며 정점이다. 소재의 파악은 수필의 열쇠이기에 더욱 그러하다.

지금도 우리 곁을 무심히 지나치는 형상과 사물들이 있다.

그러한 이미지들은 심상에 맺혀지고, 또 다른 모습으로의 분출을 준비하고 있다. 이러한 것을 미적 형상화로 우뚝 창조해 내는 것이 문학의 즐거움이다.

수필의 소재는 항상 사랑을 바탕으로 하고 있다. 소재에 대한 관심은 작가의 폭넓은 운신이며 뜨거운 만남이다. 유능한 작가에게 우주의 삼렬한 소재는 경외와 따스한 시선을 보내는 하늘의 별과 같은 존재이다. 어느 날, 그 별들이 뿜어내는 화려한 유성우가 작가의 상념으로 쏟아지면 그제야 한 작품의 주제로 승화되어 불멸의 작품으로 빛나게 되는 것이다.

물방울

2010년 가을.

국립중앙박물관에서의 고려불화대전.

승려 혜허慧虛의 수월관음도水月觀音圖가 700년 만에 고향나들이를 한다.

초록빛을 뿜어낸다.

온몸을 감싸는 장신구는 장엄하고 연화좌 주위로 물결무늬 잔잔한데, 물 위를 스치는 옷자락 섬세하고 연하게 가라앉은 색조는 은은하다. 그윽한 광택을 머금은 푸른 물방울. 오른손으로 버들가지를 늘어뜨리며 발치에서 꽃다발 바치며 두 손 다소곳이 모은 동자를 지그시 내려다본다. 물방울관음이다.

물방울에서 번져 나오는 소리를 보고 또 본다.

환희일까 슬픔일까.

탐미주의자였던 오스카 와일드는 옥중에서 이런 이야기를 한다.

슬픔은 인간이 가질 수 있는 정서 가운데서 최고이고, 모든 예술의 전형임을 이제야 나는 알았다.

슬픔을 품은 기쁨.

예술을 위한 예술로서의 수필이라면 부족하다. 예술을 넘어 또 다른 무엇인가를 풀어내야 한다. 삶에서의 순수한 멋을 껴안아야 한다. 슬픔을 슬픔이라 기쁨을 기쁨이라 말한다면 기록이다. 차가운 지성과 뜨거운 감성에 고귀한 슬픔인 생활혼이 묻어나야 한다. 결국 와일드는 영어의 몸이 되어서야 비로소 문학을 한 것이다.

생활 속에서 숙성하는 수필.

수필에 담긴 삶의 혼.

우리는 적막한 가운데서 더욱 사무쳐 오는 환희를 경험하는 것이며, 고독안에서 더욱 보드라운 동정同情을 알 수 있는 것이며, 다시 한 번, 슬픔 가운데서야 보다 더 거룩한 선행을 느낄 수도 있는 것이다.

소월의 <시혼詩魂>이다.

'시로 쓴 철학'이 수필이라는 말을 되어 본다면, 그의 시정신은 수필론에 가깝다.
연암 박지원.
그에게는 슬픔 속에서 기쁨을 말하는 초절된 정신세계가 있다. 지성의 순례자요, 감성의 인도자이다. 그는 심저의 절정에서 우러나오는 지극하고 참다운 소리인 울음과 웃음을 안다.

기쁘면 울게 되고, 노여우면 울게 되고, 즐거우면 울게 되고, 사랑하면 울게 되고, 미워지면 울게 되고, 욕심이 사무치면 울게 된다.

차가운 지성과 뜨거운 감성에 고귀한 슬픔이 밀착된 수필의 혼. 우리는 늘 슬픔을 가장한 슬픔만을 남에게 보여 왔던 것인가, 아니면 사무치는 슬픔을 모르고 살았던 것인가. 아무 때나 운다고 슬픈 것은 아니다. 풀잎에 이슬 벙글 듯이 진정으로 울어야 한다. 너그럽지 못하면 슬픈 미소를 지을 수 없다. 내 경계를 허물어야 사물이 보인다. 관조다. 만물에 대한 사랑이 없다면 감정은 가면

일 뿐이다.

그러나 슬픔이라면 너무 축축하다. 슬픔을 웃음으로, 그래야 감동이다. 이것이 수필이다. 슬픈 언어를 함축시킨 비애감은 많을지 몰라도, 울다가도 웃는 운치 있는 웃음은 귀하다. 눈물이 스며 있는 이야기 속에 혼이 움튼다. 슬픈 미소를 머금은 은은한 웃음에서 수필혼이 꽃 피운다.

수월관음도
어두운 실내에서 화려한 네온처럼 빛을 토해내고 있다.
떨어지는 꽃잎이 풀에 기댄 듯 영롱한 물방울을 유심히 바라본다.
타오르는 불꽃같기도, 금세라도 흘러내릴 것 같은 눈물방울 같기도 하다. 그리고 보니 기쁨과 슬픔이 슴슴 배어 있다. 아름답다.

찬 비가 내린다.
전시관을 나와 널따란 하늘을 올려다보며 계단을 다시 오른다.
하늘하늘 빗방울 아련한 버들처럼 나부끼는데, 우뚝한 남산이 화려한 단풍으로 활활 타오르고 있다.
눈이 부시다.

우물마루

어느 분이 출판사 이름을 부탁한다.

당황스럽고도 흥미 있는 일이다. 중매를 잘 서면 술이 석 잔이라는데, 그 이름이 오래도록 사람들 입에 오르내린다면 즐거운 일이다.

'우물마루'

우물마루는 마룻귀틀을 짜서 세로 방향에는 짧은 널을 깔고 가로 방향에는 긴 널을 깔아 '井'자 모양으로 짠 마루이다.

우물은 삶의 근원이 샘솟는 시리도록 다사로운 석간수라면, 마루는 천원지방天圓地方의 네모꼴 땅이고, 산등성이나 하늘의 뜻도 있다.

함축적인 함축이다.

어느 대목장의 탁견인지, 유장한 삶의 파노라마를 우물마루로 깔았다.

경복궁景福宮.

조선은 정궁을 지으면서 향원지香遠池 북서쪽에 차고 맑은 물의 근원인 열상진원烈上眞源을 조성한다. 반듯한 정방형의 우물담과 우물을 둘러싼 둥근 수로는 천원지방의 모습이다. 북한산 기슭에서 함양된 지하수를 끌어 모아 서류동입西流東入의 흐름으로 경복궁을 휘돌게 한다. '열상'은 한양의 젖줄기인 한강의 옛 이름이고, '진원'은 임금이 마시는 어수御水로 지혜의 근원이었다.

이 물줄기 저 물줄기 따라 생명의 샘을 찾아 나선다.
맑고 밝은 우물을 들여다본다.

운현궁雲峴宮.

고종이 왕좌에 오를 때까지 산 집이다. 망해가는 나라에서 한치 앞을 못 보고 부자는 각축을 벌인다. 야심만만한 아버지는 지금은 헐려버린 아재당我在堂에서 자신의 존재를 알리려 하지만, 다 커버린 아들은 딴 생각일랑 하지 마시고 노후나 어질게 즐기라 우물마루 있는 노안당老安堂과 노락당老樂堂을 마련하였다. 결국 대원군은 구름도 쉬어 넘는 고갯마루를 훌쩍 뛰어넘지 못하였다.

이 산등성이 저 산등성이 따라 산마루를 쉬엄쉬엄 오른다.
고개를 넘으면 산, 다시 더 높은 산을 보려 마루를 넘는다.

관솔 향기 솔솔 풍기는 널찍한 우물마루.
우물마루에는 우물과 마루가 편안하게 앉아 있다.

듣는다

옛날에는 자갈 위를 흘러가는 물소리를 시인poet이라 하였다.
시인은 소리를 내야 한다.
삼라만상이 운다. 그 소리를 보고서 나만의 리듬으로 울어야 한다.

만물은 평평하지 못하면 운다. 초목은 본래 소리를 내지 못하는데 바람 불어 그것을 흔들면 운다. 물은 본래 소리를 내지 못하는데 바람 불어 그것을 움직이면 운다···사람의 말도 역시 그러하니, 부득이한 것이 있은 연후에 말하게 된다. 사람이 노래하는 것은 생각이 끌어 오르기 때문이며, 우는 것은 가슴에 맺힌 것이 있기 때문이다. 무릇 입에서 나와 소리가 되는 것은 모두 평평함을 잃었기 때문이다.

— <송맹동야서送孟東野書> 중에서

당나라 한유韓愈.

먼 길 떠나는 친구에게 글을 전하며 그는 많이 운다.

소리를 묘사한 것 중에서 가장 깨끗하고 순수한 결정이 문장일지니, 세상은 '평평하지 못하면 울진대(不平則鳴)', 치세에는 기쁨의 울음으로 난세에는 슬픔의 울음으로 소리를 내라고 한다. 좋은 것이 나쁜 것으로 나쁜 것이 좋은 것으로 바뀌는 것이 '불평不平'이다. 그러면 시인은 소리 높여 운다. 그는 울음으로 말한다.

밤에 책을 읽고 있는데, 서남쪽에서 들려오는 소리를 들었다. 섬뜩하여 말했다.

"참 이상도 하다."

처음엔 우수수 스산한 소리를 내더니 느닷없이 솟구쳐 물결이 이는 듯 하는 것이 마치 파도가 밤중에 일어나고 비바람이 갑자기 몰려오는 것만 같구나. 물건에 부딪치면 쟁글쟁글 쇠붙이가 일제히 우는 것만 같아, 마치 적진을 향해가는 군대가 입에 재갈을 물고 내달리매, 호령 소리는 들리지 않고 다만 사람과 말이 달리는 소리만 들리는 듯 하다.

동자에게 물었다.

"이것이 무슨 소리냐? 네가 나가 살펴보아라."

동자가 말했다.

"달과 별이 환히 빛나고, 은하수는 하늘에 걸렸습니다. 사방에 사람

소리도 없고, 소리는 나무 사이에서 납니다."

내가 말했다.

"아, 슬프도다. 이것은 가을의 소리로구나."

─ <추성부秋聲賦> 중에서

송나라 구양수歐陽修.

주인은 책을 읽다가 몰려가는 가을의 소리를 듣는다. 깜짝 놀라 동자에게 어서 나가 맞이하라고 한다. 그러나 세상은 고요하기만 하다. 동자는 나무 사이에서 소리를 찾아내니, 엉뚱하면서도 낭만적이다. 부득이한 상황에 맞닥뜨려 마음속에 심각한 인상을 받고, 꽃이 바람에 휘날리고 울부짖는 새소리가 귓전을 스치는 소리에서 우러나오는 글을 높이 여긴다. 시인은 앉아서 소리를 본다.

강물은 두 산 사이에서 흘러 나와 바윗돌에 부딪혀, 다투는 듯 거세게 흐른다. 놀란 듯한 파도, 성난 듯한 물결, 애원하는 듯한 여울물은 내달아 부딪치고, 휘말려 곤두박질치며 울부짖고 고함치는 듯하여, 만리장성을 쳐부술 듯한 기세가 있다. 전차戰車 만 대, 전기戰騎 만 필, 전포戰砲 만 문, 전고戰鼓 만 개로써도, 무너져 덮쳐 내리는 듯 하는 소리를 충분히 형용하지 못할 것이다. ─ <일야구도하기一夜九渡河記> 중에서 연암 박지원朴趾源.

그는 하룻밤에 강을 아홉 번 건너면서 도를 깨우친다.

자신의 처지를 호호탕탕 물소리로 울어, 처신을 교묘히 하며 스스로 잘났다고 우쭐대는 사람들을 넌지시 어른다. 마음을 차분히 다스리면 귀와 눈은 깨달음으로 통하는 픽셀이니, 문을 닫고 누운 채로도 희로애락의 세상소리를 곰곰 듣는다.

한유와 구양수 그리고 박지원.

그들은 소리를 잘 듣고 노래를 잘 하였다. 한유와 구양수는 환상 멜로디였다면, 구양수와 박지원은 즉석 하모니이다.

"음음음···."

"옴옴옴···."

"엄엄엄···."

환청幻聽이다.

어디서 들려오는 소리인지, 머리가 맑아지면서 마음이 편안해진다.

두 귀를 쫑긋 세운다.

황제를 위한 도형

옛날 옛날, 중국 진나라 함양.
여불위呂不韋는 훗날 시황제가 될 정政과 대화를 나누고 있었다.

"온화하셔야 합니다."
"흐음."
"하늘은 둥글고 땅은 네모입니다."
"무슨 말인가."

여불위가 조나라에서 거대한 부를 쌓아올리고 있었다. 그때만 하여도 하늘이 동전 만해 보였다. 어느 날, 보잘것없는 볼모 진나라 왕족이 찾아와 애첩을 달라고 하였다. 장사꾼답게 그는 꼼꼼히 따져보았다. 애첩은 지금 자신의 아이를 임신 중인데,

어쩌면 여자 하나로 천하를 얻을 수 있는 천재일우의 기회였다. 애인을 데리고 간 그 남자는 왕이, 자신의 여자는 왕후가 되었다. 아들이 태어났고, 왕은 죽었다.

아들을 아들이라 부르지 못하고 책사와 승상이 되어 가까이서 지켜보았다. 아버지는 아들이 못미더웠다. 남다른 기상을 갖췄지만, 성군이 될 기미라고는 눈곱만큼도 없는 그가 불안하였다. 세상은 얻겠지만 지킬 수는 없어 보였다.

그는 내로라하는 학자 수 천 명과 함께 ≪여씨춘추呂氏春秋≫를 만들었다. 제목을 ≪여씨천지呂氏天地≫라 하고 싶었으나 참았다. '여씨의 역사'는 반드시 펼쳐질 것이었기 때문이다. 방대한 저술은 아들에게 전하는 아버지의 당부였다. 천하를 다스리는 제왕의 마음가짐이었다.

하늘에서 비 내리면 땅은 순식간에 젖는다. 땅은 끝없이 넓다지만 하늘 아래서는 조그만 조각이다. 천자인 아들은 부드러우며 둥근 하늘이고 각박한 천하는 거칠고 모난 땅이다. 황제가 완벽하여야 백성은 반듯하게 제 자리를 지킨다.

여불위는 아들을 위해 돈과 마차도 구상하였다.

오수전五銖錢과 황제마차였다.

오수전은 동그라미 속에 네모 구멍이 있는 중국 최초의 화폐였다.

백성의 마음을 살랑살랑 꿰는 요물이었다.

마차는 아들을 위한 우주였다.

붉은 일산은 둥그런 하늘, 누런 남여는 네모난 땅. 검은 네 마리 가라말은 사계절, 하얀 서른 개 바큇살은 달.

움직이는 푸른 세계, 둥근 원을 뒤집어 쓴 네모 사방마차였다.

동그라미 속에 네모, 황제를 위한 도형. 아들은 황제, 아들만이 이 마차를 타고 천하를 보듬어야 했다.

상형에 뿌리를 둔 한자는 원형圓形이 없다.

동그라미는 하늘의 문장紋章이었다.

아무도 쓸 수가 없다.

한자를 만들었다는 창힐倉頡도 동그라미를 네모로 썼다. 여불위는 곰곰 헤아렸다. 천원지방天圓地方이면 적이 황제의 심벌이 될 만하고, 부드럽고 둥근 황제가 모난 천하와 거친 백성을 아우르는 환도圜道라 하기에 충분하였다.

하늘은 원형, 땅은 사각형 그리고 하늘과 땅과 사람의 삼계三界는 삼각형 구조라는 것이 동양의 신화적 사고이다.

하늘은 원형.

지구가 캄캄한 우주에서 반짝반짝 빛나는 푸른 비눗방울처럼 둥실거린다.

불덩어리 지구에서 바다가 생겨나고, 바다 깊이 미생물이 방울방울 산소방울을 뿜어낸다. 공기가 하늘이 된다. 숨쉬는 방울은 물방울다이아보다 더 귀한 보석이다. 항아리 같은 원형은 인류의 둥지이다. 망울망울 하늘에서 빛이 내리고 새록새록 알에서 무지개가 나온다.

땅은 사각형.

귀퉁이가 없을 정도로 넓고 넓은 땅에 삼라만상이 실린다.

인간은 오래전 지구의 둘레까지 정확히 알아냈어도, 땅 모양은 네모를 고집한다. 둥근 하늘 아래 둥근 땅이 불안해 보였나. 굴렁쇠가 대지를 친근하게 굴러가듯, 원형 속에서 짐짓 사각형이라 여기고 이곳저곳 누빈다. 모난 세상만사가 둥근 허공을 떠돈다.

사람은 무슨 형인가.

하늘과 땅 사이에 사람이 없었다면, 허공은 허공 위로 날아가고 대지는 대지 아래로 꺼져갈까. 천지는 사람 있어 존재한다. 나와 우주를 일치시키려 선정禪定에 깊이 든다. 호두알처럼 생긴 뇌, 감성의 우뇌와 지성의 좌뇌가 평형을 이루면 고요한 온화에 이른다. 이러한 평정Equilibrium은 지구의 둥근 자기장처럼 나른하게 나를 감싼다. 뜨거운 감성과 차가운 지성 그리고 그들의 온전한 원융圓融의 빙정氷晶이 꼬리에 꼬리를 물고 이어진다.

뭉쳤다가 흩어지고 흩어졌다가 뭉친다. 둥근 것은 자연이고 네모는 인공이다. 자연에서 와서 자연으로 돌아간다. 도리 없이 자연에 빚짐이 너무 많은 우리다. 그렇게 저렇게 우리는 자연의 울타리 안에 모여 있다. 세모를 고집하든 네모를 사랑하든 종당엔 동그라미다.

하늘은 둥글고 땅은 네모다.

황제를 위한 도형.

추운 겨울이 저만치 가고 있다.

처마 밑 수정고드름, 기울어가는 햇살에 물방울을 방울방울 떨어뜨린다.

투명한 물방울의 상념이 여울져 온화한 파문처럼 둥글둥글 번진다.

2. 숨은 그림 찾기

주제론

무심히 지나치는 형상이 있다.
시를 몰라도 시를 알아도 자연은 누구에게나 친숙하다. 작가는
언제나 주변의 대상에 따스한 시선을 보내야 한다. 독서와 체험을
통한 관심에서 주제는 자태를 드러낸다. 숨은 이미지는 심상에
맺혀지고, 또 다른 모습을 모색하고 있다. 이것을 다듬어 색다른
의미로 빚어내면 형상화이다.
-〈숨은 그림 찾기〉중에서

문단의 장 文短意長

'글은 짧지만, 뜻은 길다.'

널리 유포되는 간결하고 경쾌한 문구는 동서양 막론하고 역사가 유구하다.

우리나라 속담, 그 짤막한 이야기 속에는 체험을 통한 날카로운 풍자와 인생에 대한 달관과 엄숙한 교훈과 생생한 비유로 번득인다. 허세를 포장하는 과장이나 겉멋을 드러내는 번잡을 버린 명징한 글귀는 남녀노소 빈부귀천 박학다식을 가리지 않고 스며드는 전파력으로 구성지다. 그러기에 속담은 한국인의 평범한 삶에서 우러난 속 깊은 에세이다.

인생과 자연에 대한 경험과 관조를 형식에 구애받지 않고 자유로운 표현에서의 수필이 끈끈한 흡인력을 가지려면, 여러 가지 몸가짐이야 있겠으나, 문장은 짧지만 여운이 긴(文短意長) 날렵한 체형을 유지하여야 한다.

우선 허세를 포장하는 과장이나 겉멋을 드러내는 번잡을 버려야 한다.

어느 일간지 문화면의 헤드라인이 쨍한다.

"당신 책상 위 95%는 쓰레기다."

정자나무 짙은 그늘

기상관측사상 최고의 강우량을 기록한 올 여름 폭우를 걱정스럽게 지켜보았다.

특히 산 좋고 물 좋다는 강원도에 막대한 인명과 재산 피해가 있었다. 엄청난 비가 한꺼번에 쏟아졌다고는 하지만, 간벌목이 재해를 무섭게 키웠다는 분석이 있었다. 간벌목은 숲이 건강하도록 나무 사이사이의 간격을 넓혀주기 위해 베어 낸 것이다. 그런데 집중호우가 쏟아지면서 솎아 베어낸 나무들이 떠밀려 내려가 좁은 계곡이나 교량에 걸려 물의 흐름을 막게 되고, 끝내 막혀 있던 물길의 압력으로 한꺼번에 둑이나 교량을 붕괴시켰다.

나무가 무성하면 생장에 필요한 수분과 양분을 먼저 흡수하려고 줄기가 가늘어지고 뿌리도 깊이 자리 잡지 못한다. 그래서 나무를 적당히 솎아내면 줄기가 굵고 뿌리가 튼튼해 토양을 잘 지킨다. 간벌의 효능을 알았으나, 계곡에 성처럼 쌓아놓은 간벌목들의 이동에 대해서는 간과하였다.

수필의 성공은 주제와 제재의 평화로운 호응이다.

선택되어진 소재, 즉 제재가 빼곡하면 생장에 필요한 수분과 양분을 먼저 흡수하려다가 줄기가 가늘어지는 것처럼 문장의 줄거리가 답답하면서 지루하게 되고, 결국 뿌리가 깊지 못한 공중누각처럼 위태한 종결이 되어 선명한 인상인 주제가 실종된다.

길을 가다가 잘 생긴 정자나무를 만나면 유쾌하다.

나무를 잘 키우고 잘 자라게 하는 동네의 인심과 여건을 가늠해 보면서, 짙은 그늘에서 밝은 세상을 바라보는 건강한 시선을 탐해 본다.

허공을 맴도는 바람에게 일일이 손짓하는 수많은 이파리와 산이라도 뽑을 것 같은 천하장사 허리 같은 줄기와 땅속의 모든 기운을 빨아들이려 꿈틀거리는 뿌리, 그런 나무를 보살피는 동네에는 분명 유연한 지혜가 전해져 내려오고 풋풋하면서도 새로운 이야기가 꼬리에 꼬리를 물고 푸근한 인정이 물씬 할진저.

수필이 이런 정자나무라면.

땅속의 모든 기운을 빨아들이려 꿈틀거리는 뿌리가 유연한 지혜인 설리說理이고, 산이라도 뽑을 것 같은 천하장사 허리 같은 줄기는 새로운 이야기인 서사敍事이며, 바람에게 손짓하는 수많은 잎사귀는 푸근한 인정인 서정抒情이라 할 수 있다. 문학의 푸른 그늘은 무엇보다 크고도 넓다. 적자생존과 우승열패에서 허덕이는 인파를 서늘하고 편안한 나무 그늘로 끌어들여야 한다.

엄청난 폭우에 이어 끔찍한 폭염이 연일 계속되고 있다.
수필마을 입구 정자나무에는 매미소리가 요란도 하지만, 뜨거운 햇살아래 서늘한 그늘은 짙기만 하다.

그물을 활짝 펼쳐라

"한국수필은 '서정'이 망쳐놓았다."

하찮은 신변잡기를 전하려 옹색한 아취에 빠져버린 감성과 감정을 불편하게 하는 정서가 뒤범벅, 그렇잖아도 작가가 독자인 협소한 마당에서 독자들이 등을 돌렸다고 걱정하는 분의 말씀이다.
틀린 이야기가 아니다.
그러나 서정은 펼쳐내기가 쉬운 것이 아니다.

고기 잡는 투망.
둥근 그물 끝에 납덩이를 매달고, 그물코를 꿰어 놓은 몇 발의 벼리가 줄거리를 이룬다. 밑동을 가지런히 하여 그물을 왼쪽 어깨에 걸쳐놓고 벼리일랑 몇 번 감아쥐고 앞뒤로 어깻짓 하다가 오른손으로 납덩이 쪽을 허공으로 힘껏 뿌린다. 하늘로 치솟으면서 원추형으로 좍 펼쳐지며, 고기가 있는 물속을 향해 촤악 떨어진다. 마치 신밧드의 양탄자가 너울너울 날아가듯, 다이버가 수중으로 들어가듯 하늘하늘 떨어진다. 멋도 모르던 물고기가 갇히면 벼릿줄을 잡고서 서서히 끌어당긴다. 그물이 제대로 펼쳐지지 않아 한쪽 납덩이가 텀벙거리면 날렵한 물고기는 잽싸게 달아난다.

그물에 걸려 퍼덕퍼덕하는 물고기를 바라보는 맛이 투망질이다.

정의 포착은 어렵다.

너울너울 날아가 하늘하늘 떨어져 마치 바람을 잡아내듯 문심 文心의 그물을 활짝 펼쳐야 한다. 드러내려다 지나치면 끈적끈적하고 감추려다 모자라면 맨송맨송해져 분위기가 사라진다. 물씬 잠겼으나 숨어 있는 침정불로沈情不露의 언저리에서 정은 뽀송뽀송 드러난다.

윤오영은 서정을 아꼈다.

서사에 정이 따르지 아니하면 기록에 그치고, 설리에 정이 따르지 아니하면 평론이 되고, 풍자에 정이 따르지 못하면 가십에 불과하다.

희로애락을 더하지도 빼지도 않고 있는 그대로 옮기면 작문이고, 권태로운 이치를 밝히려 군소리 늘어놓으면 예민한 귀가 열리지 않고, 조롱하고 깎아내려 마음 상하게 하는 글은 한가롭다고 쓸 일이 아니다.

"정이 글을 낳지, 글이 정을 낳는 것이 아니다."

마음의 붓대를 잡고 뒤틀림 없이 정을 풀어내려면 서사와 설리와 풍자가 따스한 서정의 보자기 안에 가지런해야 한다.

별들이 초롱초롱.

가물가물 무슨 사연이 아스라할까.

번졌다 맺혔다가, 맺혔다가 번진다.

웃음일까 눈물일까.

아니면 웃음 속 눈물일까, 눈물 속 웃음일까.

슬며시 벼리를 움켜쥐고 영롱하게 빛나는 서정을 향해 활짝 그물을 던져본다.

숨은 그림 찾기

1

여기서 바람이 살랑살랑 걸어간다.
저만치서 물이 어슬렁어슬렁 불어온다.

무심히 지나치는 형상이 있다.
시를 몰라도 시를 알아도 자연은 누구에게나 친숙하다. 작가는 언제나 주변의 대상에 따스한 시선을 보내야 한다. 독서와 체험을 통한 관심에서 주제는 자태를 드러낸다. 숨은 이미지는 심상에 맺혀지고, 또 다른 모습을 모색하고 있다. 이것을 다듬어 색다른 의미로 빚어내면 형상화이다.

만 권의 책을 읽고 만 리의 노정을 마친 뒤에라야 붓을 들 수 있다고 한다. 가끔 '기행수필'이니 '여행산문'이니 하는 타이틀을 만난다. 멀티미디어 글로벌시대에 범상한 체험을 그려놓고, 읽으려면 읽고 아니면 말라면 그것은 아니다.

시인들은 '산문 같은 시'를 '산문시'라고 하는데, 수필가들은 '시 같은 수필'인 '시산문'의 경지에서 문장을 간결하게 펼치고 의미를 세련되게 꾸며야 한다. 독서와 여행을 통해 감응된 육감은 예민한 촉수가 된다. 지금도 내 곁을 스치며 흘러가는 삼라만상에 나만의 상들이 맺혀 따스한 심상에서 숙성을 거치면 눈길 잡아끄는 구체화의 결정이다.

로마의 필로스트라투스는 "상상은 마음으로 형상을 창조하는 것이니, 모방보다 더욱 교묘한 예술가이다."라고 하였다. 형상화의 원동력은 상상이며, 색다른 감각으로 외부세계와 접촉하여 하나의 상에 대한 새로운 의미를 부여하고 창조하는 기능을 통해 그림이 만들어진다. 상에 대한 새로운 의미가 내용이라면 창조를 통한 형상화는 외양이라 할 수도 있다. 외양과 내용이 자연스레 맞물리는 경계가 문질빈빈文質彬彬이다.

바탕인 '질'과 외양인 '문'이 조응하는 단계는 어렵다. 글은 짧지만 뜻은 길며, 뜻은 깊어도 말은 쉬워야 한다고 하였다. 글을 읽

으면서 그림을 떠올리며 그림을 보면서 글을 음미하는 시화일치詩
畵一致의 세계를 찾아본다.

그런 흥취를 당나라 오언절구에서 떠올릴 수 있어 ≪전당시全唐
詩≫에서 절창을 모아 형상화를 탐색하는 한편, 소품문과 수필을
대조하여 형상화의 강도를 가늠해 본다.

2

'삼절三絶'.

양귀비와 열애에 빠졌던 현종玄宗의 찬사다.

그는 정건鄭虔을 아꼈다. 하루는 정건이 산수화를 그리고 시를
지어 화제로 쓴 <창주도滄州圖>[1]를 황제에게 바쳤다. 현종은 대
단히 기뻐하며 친히 붓을 들어 그림 끄트머리에다 화답하였는데,
'정건은 삼절(鄭虔三絶)'이라 하였다. 이후로 그의 그림은 황제와 귀
족의 애장품이 되었고, 지금도 귀중하게 받들린다.

---

1) <창주도>라는 작품을 찾아볼 수 없다.
   ≪전당시≫에 수록되어 있는 그의 시는 이 <규정閨情>한 수 뿐이다.

銀鑰開香閣	은 자물쇠 열고 향각에 들어
金臺照夜燈	금대에 등을 달아 밝히네.
長征君自憤	서방님은 전장에서 바쁘시니
獨臥妾何會	독수공방 소첩은 언제나 뵈오리까.

그 무렵 미술사가들은 정건과 왕유王維를 일러 중국산수화의 창시자로 여겼다.

글과 글씨와 그림이 다 최고라는 '삼절'.

시선詩仙 이백李白과 시성詩聖 두보杜甫와 시불詩佛 왕유가 귓전에 쟁쟁한 시대인데, 정건도 쾌거를 이룩한 셈이다.

왕유는 중국문인화 남종화의 비조이다.

시서화 일체의 문인사상을 숭상한 소동파蘇東坡는 그를 이렇게 말한다.

왕유의 시를 가만히 음미하다보면 시 가운데 그림이 있고, 왕유의 그림을 찬찬히 들여다보면 그림 가운데 시가 있다.

명나라 동기창董其昌은, 채색산수를 그려 북종화를 이끌었던 이사훈李思訓에게서 그림을 배운 왕유를 수묵산수화의 남종화를 이끈 인물로 분류하였다. 남·북종화를 이끌었던 왕유와 이사훈의 영향으로 중국화단은 새로운 전기를 맞는다.

중국의 화가들은 일찍이 오대五代 양梁나라 형호荊浩의 ≪필법기筆法記≫를 산수화 미학의 지침으로 일컬었다.

그림을 그리는데 여섯 가지 요점이 있다.

기氣와 운韻과 사思와 경景과 필筆과 묵墨이다.

기는 마음에 따라 붓을 움직임으로써 물상을 묘사함에 있어 미혹됨이 없는 것이다.

운은 필적을 숨기고 형상을 이루어냄으로써 법식을 갖추되 속되지 않은 것이다.

사는 자잘한 생각을 잘라내고 큰 요점만 남겨 상상을 응집하여 사물을 형상화하는 것이다.

경은 법도에 근거하여 때에 의거하면서도 오묘한 것을 모아 진정을 창조하는 것이다.

필이란 비록 법칙에 의거하긴 하지만 변통을 조절하여 본질도 형태도 아닌 나는 듯 움직이는 듯 하는 것이다.

묵은 색채의 밝기를 조절하여 사물의 깊고 얕음을 결정하는데 문채가 자연스러워 마치 붓을 대지 않은 것처럼 하는 것이다.

그의 화론에서 눈길 끄는 대목을 추려본다.

자잘한 생각을 잘라내고 큰 요점만 남겨 상상을 응집하여 사물을 형상화하는 것은 문장을 간결하게 펼쳐야 하고 의미를 세련되게 꾸며야 한다는 것과 유사하고, 법도에 근거하여 때에 의거하면서도 오묘한 것을 모아 진정을 창조하는 것은 옛 것을 본받아 새 것을 창조한다는 법고창신과 흡사하다.

형호는 화품畵品을 신神과 묘妙와 기奇와 교巧 4품으로 분류하였다.

신은 하고자 하지 않고서도 자연스럽게 형상을 이룬다.
묘는 천지의 본성을 꿰뚫어 보고 만물의 성정을 유추하면 자연의 이치에 들어맞아 사물이 붓으로부터 흘러나온다.
기는 사물의 움직임에 일치하지 않는 대상과 윤곽을 그려 이치가 한쪽으로 치우쳐서 붓질만 있지 생각은 없다.
교는 보잘 것 없는 재주로 억지로 흐름을 따라 마구 사물을 그려서 형상을 만들어내지만 속은 없고 겉만 있다.

'기'와 '교'는 '붓질만 있지 생각은 없고, 속은 없고 겉만 있다.'는 기교이니, 유치한 교언영색의 언저리일 따름이다. '신'과 '묘'가 그가 강조하는 미학이다. '하고자 하지 않고서도 자연스럽게 형상을 이루는 것과 자연의 이치에 들어맞아 사물이 붓으로부터 흘러나오는 것'이 '신묘'의 전모이다.

'신'이야 그렇다 치고, 문제는 '묘'다. 그가 강조한 "천지의 본성을 꿰뚫어 보고 만물의 성정을 유추하면 자연의 이치에 들어맞아 사물이 붓으로부터 흘러나온다."는 내면에는 형상화의 본질이 담겨있다. 만 권의 책을 읽고 만 리의 노정을 거친 뒤에야 사물들이 그의 붓을 타고 흘러나오는 즉 '마음에 따라 붓을 움직임으로써 물상을 묘사함에 있어 미혹됨이 없다.'는 경지에 이른다. 하찮은 기교를 버린 독창적인 고독이다.

왕유의 <녹채鹿柴>이다.

空山不見人　텅 빈 산에 인적이 없는데
但聞人語響　단지 사람 말소리만 들려오네.
返景入深林　석양의 햇살은 깊은 숲으로 들어와
復照靑苔上　다시 푸른 이끼 위를 비추네.

왕유는 음악도 수준급이었다. 황족의 총애를 받아 출세가도를 달릴 수 있었으나, 순탄한 길을 밟지 못하였다. 급기야 안록산이 일으킨 환난 때는 절에 피신해 있다가 포로가 되어 수모를 당한다. 그리고 말년에는 은둔생활로 일생을 마친다.

울타리 안의 사슴이 그다. 모가지가 기다란 고독한 사슴의 노래를 흥얼거렸다. 불가에 심취하였던 그는 한 움큼 햇살 같은 감회를 허심탄회하게 바라보았다. 그리고 그림을 그렸다. 한 폭의 고방한 풍광에다가 자신을 슬쩍 끼워 넣었다. 아무도 없는 숲에서 지는 해를 바라보고 있자니 지난날의 뿌연 세상은 환청이었다. 어두운 삼림을 뚫고 들어와 누구도 거들떠보지 않는 푸른 이끼 위에 저물어 가는 햇살이 눈부시다.

<죽리관竹里館>도 그의 대표작이다.

獨坐幽篁裏	홀로 그윽한 대숲에 앉아
彈琴復長嘯	거문고 뜯다가 휘파람 휘~ 부네.
深林人不知	깊은 숲 아무도 모르는 곳에
明月來相照	밝은 달이 와서 서로 비추네.

<녹채鹿柴>와 풍격이 유사하다. 수묵산수화의 대가다운 응물사형應物寫形의 붓놀림이다. 시 가운데 그림이 그려진다는 동파의 이야기에 고개가 끄덕여진다. 왕유는 천상묘득遷想妙得, 즉 사물에

서 우려 낸 영감을 감정이입하고 끝내 형상화의 묘미를 얻었다. 줄거리만 남기고 자잘한 잔상을 거두어내고 축적된 상상을 뭉뚱그려 대상을 사물화하는 그림손을 지녔기에 그러하였다.

그런데 열거한 두 편의 시를 화가에게 그림으로 표현하라고 건넨다면, 어떤 시편이 쉬울까. <녹채>보다는 <죽리관>이겠다. 대숲에는 사람이 어른거리는데, 사슴 울짱에는 말소리만 두런거린다. 사람이 중심제재가 되면 구도가 안정적이지만, 사람이 없다면 추상으로 흐를 수 있어 붓질이 모호해진다. 파사거속破邪去俗 선경禪境의 <녹채>는 심오한 경지이다. 분위기가 짙은 안개 같아 몽롱해질 수도 있다.

언제 어디에서나 사람은 어려운 것이다.

그윽한 대숲에 홀로 앉아 휘파람 불고 거문고 뜯으면 깊고 어두운 숲 속까지 휘영청 밝은 달이 찾아와 동무를 한다. 시로 쓴 철학 속에는 인생사가 간결하고 고즈넉한 아취가 번진다. 이러한 감동은 아무에게서나 우러나올 수 없다. 이 세계가 산문에서 되살아나야 한다.

수필이 까다로운 것은 무엇인가.

그것은 '나' 때문이다.

시처럼 선미禪味에서 우러나는 이미지보다는 노골적으로 드러나는 자신의 나상을 어디까지 보여주고 어디까지 감추느냐가 진정으로 어렵다. 드러내면 맹해지고 감추면 멍해진다. 그렇다고 이러지도 저러지도 못한다면 허접한 작문이 되어 버린다.

수필에 있어서 중요한 특징이 되는 것은 숨김없이 자기를 말한다는 것과 인생사상에 대한 방관적 태도, 이 두 가지에 있을 따름이요, 이것만을 기초로 삼고 붓을 고요히 들매 제목 여하는 물을 필요가 없다.

김진섭이 희구한 바, 삶의 방관자적 태도를 확보한 가운데 숨김없이 자기의 나상을 전한다면 더할 나위없는 품격이 갖춰지겠지만, 둘 다 갖추기란 쉽지 않다.

3

중국에서는 문文이 문학文學과 문장文章으로, 문장文章은 문文과 필筆로 그리고 문文은 시詩로 필筆은 산문散文으로 발전하였다.
이 갈래를 더듬어보니 시와 산문은 한 갈래였고, 얼굴만 다를 뿐이다. 중국수필을 산문으로 크게 아우르지만, 고문古文과 소품문 小品文으로 가른다.

  그 흐름에 편승하며 유럽의 에세이와 일본의 산문을 접목시킨 현대 한국수필도 발전을 거듭하였다. 성공한 형상화를 거듭 발전한 우리 산문에서 찾아야 했지만, 다음 기회로 미루었다. 당나라의 오언절구를 중국의 소품문 및 한국 현대수필과 비교하였다. 시간과 분야는 분명 다르나 그 내용을 감지할 수 있어 시와 산문을 대비함으로써 형상화를 추구하였다.

  가도賈島의 <심은자불우尋隱者不遇>이다.

松下問童子	소나무 아래에서 동자에게 물어보니
言師採藥去	스승님은 약초 캐러 가셨다네.
只在此山中	이 산 속에 있는 것 같은데
雲深不知處	구름이 자욱해서 어디인지를 모르겠네.

  한 자 한 자 쪼았다. 20자에서의 공간은 유유하고, 그 행간은 아득하다.

가야 할 곳으로 가고 멈춰야 할 곳에 멈췄다.

동파의 '행운유수行雲流水'이다.

구름도 제 갈 길을 두둥실 떠가는 것이고, 물도 흘러 갈 곳을 찾아 넘실댄다. 문장이 아무리 아름답고 기발하여도 억지로 꾸민 흔적이 역력하면 끝이다. 약초 캐러 간 은자와 동자와 행자 셋이 서성대더라도, 어느 누구도 시야를 가리지 않는다. 셋이 하나로 하나가 셋으로 겹쳐진다. 산으로 약초 캐러 간 초의草衣를 바짓가랑이 적시며 쫓지도 않고, 그냥 구름만 깊게 띄워놓았다.

장대張岱의 <호심정소기湖心亭小記> 전문이다.

숭정 5년 십이월에 나는 서호에 있었다. 큰 눈이 사흘이나 퍼부어 호중에는 사람의 발자취도 새 소리도 다 그쳐졌다. 이날 밤도 깊어서 나는 작은 거루를 하나 잡아탔다. 털옷에 화롯불을 안고 혼자 호심정의 눈을 보러 가는 것이다. 성애가 하얗게 서려 하늘도 구름도 산도 물도 모두가 희다. 호상에 그림자라곤 긴 둑의 흔적과 호심정 한 곳, 그리고 내 배와 배 안의 인영 두 셋 뿐이다. 정자 위에 가 보니 웬 사람 둘이 담요를 깔고 마주앉았고 한 아이놈이 술을 데우고 있었는데 이제 막 끓고 있었다. 나를 보고 반색을 해 놀라면서 '여기도 이런 분이 있느냐.'고 붙잡아 술을 권한다. 억지로 큰 잔으로 석 잔을 먹고 일어섰다. 성씨를 물어 봤더니 금릉서 온 손이었다. 배에 내리자 사공들이 넌지시 하는 말이 '바보가 한 분인 줄 알았더니 또 있더라.'고.

소품문을 쓰기 위해 하늘이 냈다는 산문가의 그림이다.

장대의 호심湖心에 푹 빠진다. 소설로 쓴 시 같은 수필의 자태이다.

큰 눈이 며칠째 퍼부어 호수에는 인적도 새 소리도 모두가 그쳤다.

하늘도 구름도 산도 물도 다 뿌연데, 고회孤懷한 서정은 표표漂漂한 서사를 보듬고 그 서사는 솔진率眞한 설리와 어깨동무한다. 추운 겨울 한밤중 눈 구경하러 털옷을 걸치고서 화롯불을 부여안고 호수 한 복판의 정자로 바보들이 모여든다. 호수 정자 한 구석에서 덥혀지는 술로 가슴은 뜨거워진다.

가도의 시와 장대의 수필이 어우러진다.

가도는 산중에 있는 사람을 일부러 만나지 않았고, 장대는 호중에 있는 사람을 우연히 만났다. 소나무 아래의 동자는 말을 아꼈고, 거룻배를 젓던 사공들은 말이 헤펐다. 묘묘杳杳한 시의 자태가 살아났고, 훤훤喧喧한 수필의 면모도 여실하다.

두 편 모두 그림을 떠올리는 기운생동氣韻生動 구상화 묘미가 튼실하다. 가도도 잘하였지만, 장대도 뒤지지 않는다. 상이 너무 크면 형체가 없다는 대상무형大象無形의 얼굴이다. 적지 않은 사람을 등장시켜 번다한 상형을 늘어놓기 십상인데, 시로 쓴 철학 같은 맵시도 떠올리면서 바보 같은 은인들은 안개처럼 와서 안개처럼 사라진다.

백거이白居易의 <문유십구問劉十九>이다.

綠蟻新醅酒　　녹의주 새로 걸러놓고
紅泥小火爐　　붉은 질화로에 불 지폈네.
晩來天欲雪　　저녁에 눈이 올 터인데
能飮一杯無　　어찌 한 잔 술 없을 수야 있겠나.

익은 술은 꼬물꼬물 개미처럼 괴어오르고, 방에 피워놓은 화롯불은 빠알갛다. 꾸물거리는 하늘은 한바탕 눈이라도 올 것 같은데, 어두운 길 헤치고 달려온 친구가 덜컹덜컹 사립문을 흔든다.

이 짤막한 짜임에는, 추운 겨울 눈 구경하러 한밤중에 호수 한복판으로 모여든 바보들의 바로 그 멋과 분위기가 겹쳐진다.

왕유 <잡시雜詩>의 두 번째 노래다.

君自故鄕來　내 고향에서 오셨다 하니,
應知故鄕事　고향 일을 잘 아시겠군요.
來日綺窓前　떠나오시던 날 우리 집 비단창문 앞,
寒梅著花未　매화나무 꽃망울 아직 이던가요.

하얀 비단 바탕에 붉은 매화 찬 꽃망울이 눈물처럼 아롱거린다. 절체절명의 제재 선택이 관건인 오언절구에서 '고향'이란 시어가 반복된다. 허투이면서 바투였다. 푸근한 고향이 그리워도 못 가는 서러운 타향살이 신세를 그렸고, 고향 집 비단창문 앞 매화꽃으로 망향의 회한을 고조시킨다. 외로운 시인의 뒷모습이다. 간절한 향수를 전한 스킬이었고, 물컹한 감정을 다스린 클라이맥스였다. 맑은 화안畵眼에서 우러난 한 폭의 그림이다.

주자청朱自靑 <배영背影>의 일부이다.

　까만 천으로 된 둥근 모자를 쓰시고, 까만 괘자에 진한 쪽빛 무명 두루마기를 입으신 아버지께선, 좀 기우뚱하셨지만, 조심스럽게 허리를 굽히고 플랫폼을 내려가셨다. 그러나 철로를 건너고 저 쪽 플랫폼의 벽을 기어오르실 때의 모습은 여간 힘들어 보이는 게 아니었다. 아버지께서 두 손을 플랫폼 위 시멘트 바닥에 붙이고, 두 다리를 비비적거리며 위쪽으로 발버둥쳐 올라가시다 순간적으로 왼편으로 기우뚱하실 때, 아, 이 아들의 손엔 땀이 흥건했다.
　나는 그 때, 아버지의 뒷모습을 본 것이다. 나도 모르게 뺨을 적시는 뜨거운 것이 있었다. 나는 얼른 그것을 닦았다. 아버지께 들킬까 봐, 그리고 남이 볼까 봐 두려웠다.
　내가 다시 창 밖으로 눈길을 돌렸을 때, 아버지께선 빨간 귤을 한 아름 안고 이 쪽으로 오고 계셨다. 이번에는 먼저 귤을 홈 위에 놓고, 조심조심 플랫폼을 기어내려 와서, 다시 그 귤을 안고 철로를 건너오셨다. 이만큼 오셨을 때 묻은 흙을 툭툭 털면서 가벼운 한숨을 쉬었다. 그리고 곧 밖으로 나가시면서, "나, 이만 간다. 도착하면 곧 편지 하여라!"하고 말씀하셨다. 승강구를 내려 몇 걸음 옮기더니만 다시 뒤를 돌아보시며, "들어가라. 아무도 없는데······." 하고 말씀하셨다. 아버지의 뒷모습이 인파人波에 묻히자, 나는 자리로 돌아왔다. 눈물은 또 한번 쏟아졌다.

뒷모습을 보이신 아버지.

그 뒷모습을 본 아들.

아들은 그의 아들에게 또 그런 뒷모습을 보이리라.

가계家系의 분명한 골간이다. 아버지는 앞에 서고 아들은 뒤에 섰다.

뒷모습은 뚜렷해졌고, 거기에는 따스한 정감이 서렸다. 서정은 서사를 보듬었고 그 서사는 설리와 나란히 줄을 맞췄다. 화의畵意가 선명해졌다.

왕유의 <잡시>와 주자청의 <배영>을 보았다.

명품은 언제나 새록새록 새로운 의미를 뿜어낸다. 고향 이야기에 왕유는 입을 다물며 눈시울을 붉혔고, 아버지의 뒷모습에 주자청은 맥을 놓고서 눈물을 쏟았다. 그림에 능통한 왕유는 분분한 고향생각에 앞서 통일을 찾으면서 필적을 숨기고 알찬 구도를 꾀하였고, 주자청은 골육 이야기를 시시콜콜 밝히면서도 법식을 갖추어 속되지 않는 심수필운心隨筆運을 골법용필骨法用筆로 휘둘러 형상을 드러냈다.

4

맹호연孟浩然의 <춘효春曉>이다.

春眠不覺曉   곤히 자다 동트는 줄도 몰랐는데
處處聞啼鳥   곳곳에서 새 우는 소리 들리네.
夜來風雨聲   밤새 비바람 소리 아우성이던데
花落知多少   꽃은 또 얼마나 떨어졌는지 모르지.

시 그림이고, 그림 시다.

비바람에 떨어져 마당에 자욱하게 깔린 꽃 이파리. 그 낙화에 슬며시 그가 실렸다.

서정은 서정으로, 서사는 서사로, 설리는 설리로 맞물리다 풀어지고 풀어지다 맞물렸다. 어찌 보면 적적한 자연을 어찌 보면 분분한 세상을 호연지기 시심으로 감추었고 드러냈다. 밤새도록 뒤척이며 비바람 이윽하게 새기다가 아우성인 새소리에 마지못해 일어나서 창문을 열지도 밖으로 나가지도 않고서 저물어가는 봄을 떠나보낸다.

상상의 나래에서 형상의 붓질이다.

김용준 <게(蟹)>의 일부이다.

게란 놈은 첫째 그리기가 수월하다. 긴 양호羊毫에 수묵水墨을 듬뿍 묻히고 호단豪端에 초묵焦墨을 약간 찍어 두어 번 좌우로 휘두르면 앙버티고 엎드린 꼴에 여덟 개의 긴 발과 앙증스런 두 개의 집게발이 즉각에 하얀 화면에 나타난다. 내가 그려 놓고 보아도 붓장난이란 묘미가 있는 것이로구나 하고 스스로 기뻐할 때가 많다.

그러고는 화제畫題를 쓴다.

滿庭寒雨滿汀秋	뜨락 가득 가을 찬비 내리니
得地縱橫任自由	게란 놈들이 때를 만난 듯 하구나.
公子無腸眞可羨	속없는 그들이 부러운 것은
平生不識斷腸愁	평생 단장의 비애를 모르기 때문이네.

찬비 내리는 뜨락에서도 마냥 즐거운 그 놈들이 부러운 것은 속이 없기 때문이라며, 이 꼴 저 꼴 보기 싫어 무장공자無腸公子처럼 간이고 쓸개고 차라리 없었으면 한다는 푸념이다. 경쾌한 붓놀림에서 드러난 발랄한 뒷맛은 문인화의 체취이며, 환을 치다가 자연을 빌어 슬며시 청고한 심경을 호소한다. 그렇지만 속없는 게를 통해 우울한 심사를 전하려다가 자작시도 아닌 윤우당尹于堂의 칠언절구를 두 번이나 빌렸다. 하얀 화면에 즉각 드러난 붓장난에서 훌쩍 벗어나지 못하였다.

그는 풍진 세상의 고독한 선비였다. 입에 문 것을 뱉어 버릴 줄도 모르고 준 대로 물린 대로 엉거주춤 앉아서 울 것처럼 웃을 것처럼 도무지 네 심정을 알 길이 없다는 못 생긴 두꺼비[2]였다. 그에게 현실은 언제나 황갈색으로 검누른 유약을 내려 씌운 멋대로의 세상이었고, 그 먼지세상을 벗어나지도 못하고 피하지도 않고 구덩이에서 허우적거렸다.

화가인 근원이나 시인인 호연의 시문에서 형상화의 맛은 산뜻하였다. 그러나 미적인 외양도 번듯하여야 하지만 내적인 바탕도 팽팽하여야 한다.

왕지환王之渙의 <등관작루登鸛雀樓>와 두보의 <강벽조유백江碧鳥逾白>.

---

2) 툭 튀어나온 눈깔과 떡 버티고 앉은 사지四肢며 아무런 굴곡이 없는 몸뚱어리 — 그리고 그 입은 바보처럼 '헤 —' 하는 표정으로 벌린데다가 입 속에는 파리도 아니요 벌레도 아닌 무언지 알지 못할 구명 뚫린 물건을 물렸다. 콧구멍은 금방이라도 벌름벌름할 것처럼 못나게 뚫어졌고 등허리는 꽁무니에 이르기까지 석 줄로 두드러기가 솟은 듯 쭉 내려 얽게 만들었다. 그리고 유약을 갖은 재주를 다 부려 가면서 얼룩얼룩하게 내려 부었는데 그것도 가슴 편에는 다소 희멀끔한 효과를 내게 해서 구석구석이 교巧하다느니보다 못난 놈의 재주를 부릴 대로 부린 것이 한층 사랑스럽다.
　　　　　　　　　　　　　　　　　　　—<두꺼비 연적을 산 이야기>중에서

白日依山盡　붉은 해는 산을 끼고 떨어지고
黃河入海流　황하는 바다로 흘러가네.
欲窮千里目　천리 끝 간 데 보려고
更上一層樓　다시 한 층을 더 오르네.

江碧鳥逾白　강물 파라니 새 더욱 희고
山靑花欲燃　산 푸르니 꽃에는 불이 붙는 듯.
今春看又過　금년 봄도 보건대 또 지나가니
何日是貴年　어느 날이 고향에 돌아갈 해인고

　왕지환은 엄살을 피우다가 백척간두에서 한 발짝 내딛는 기백을 보였고, 두보는 붓을 기발하게 놀리다가 그만 고개를 떨군다. 한 사람은 높은 곳에 올라 눈을 크게 뜨고서 멀리 내다보고, 한 사람은 흘러가는 강물만 지켜보다가 축 처진 어깨로 신음을 토한다. 사람들은 왕지환의 그 늠름凜凜한 발걸음에 열광하였고, 두보의 소소蕭蕭한 마음가짐을 사랑하였다.

　호연과 근원의 시문도 이와 유사하다. 호연은 삶을 관조하여 시정詩情을 담담한 페이소스로 이끌어 올렸다면, 근원은 생의 침울한 관찰자가 되어 문정文情을 울적한 비애감으로 끌어 내렸다. 비

숫한 그림이었으나 느낌은 달랐다.

이태백의 <야숙산사夜宿山寺>이다.

危樓高百尺　아득한 누각 백 척이나 높아
手可摘星辰　손 내밀면 별을 딸 수도 있을 것 같아.
不敢高聲語　감히 큰 소리를 못 내는 것은
恐驚天上人　하느님이 놀라실까봐.

고요한 공간이다. 산에서 밤을 지새우며 절의 적막을 그린다. 하늘과 맞닿은 고요를 '하느님이 놀라실까봐.' 한마디로 끝냈다. 광대무변한 자유세계에서 쓸쓸한 인생과 아득한 우주를 더듬었다. 과장이지만 사실적 서사가 멋지고, 여백의 미가 맛깔스럽다.

이태준 <벽壁>의 일부이다.

뉘 집에 가든지 좋은 벽면壁面을 가진 방처럼 탐나는 것은 없다. 넓고 멀찍하고 광선이 간접으로 어리는, 물 속처럼 고요한 벽면, 그런 벽면에 낡은 그림이나 한 폭 걸어놓고 혼자 바라보고 앉았는 맛, 더러는 좋은 친구와 함께 바라보며 화제 없는 이야기로 날 어둡는 줄 모르는 맛, 그리고 가끔 다른 그림으로 갈아 걸어보는 맛, 좋은 벽은 얼마나 생활이, 인생이 의지할 수 있는 것일까! (중략) 나는 감방의 벽면이 저러려니 생각되었다. 그리고 더구나 화가인 K군을 위해서 그 사막의 벽면에다 만년필의 잉크라도 한줄기 뿌려놓고 싶었다. 벽이 그립다. 멀찍하고 은은한 벽면에 장정 낡은 옛 그림이나 한 폭 걸어놓고 그 아래 고요히 앉아보고 싶다. 배광背光이 없는 생활일수록 벽이 그리운가 보다.

벽면을 은은하게 드러냈다. 넓고 멀찍한 벽은 사막처럼 공간으로 비어 있어 피곤한 시선을 달리고 달리다가 머무를 곳이 없어 상허는 그만 눈을 감아버린다. 가지고 있던 만년필의 잉크라도 한 줄기 뿌려놓으면 후련하겠다며, 벽면을 마주하고 상상을 지즐타고 떠돈다.

벽을 바라보면서 답답해하는 벽창호의 몸짓이다.

넓고도 넓으면 구석이 없다는 그런 활달한 달관을 바라지는 않지만, "옛 그림이나 한 폭 걸어놓고 그 아래 고요히 앉아보고 싶다. 배광背光이 없는 생활일수록 벽이 그리운가 보다."라는 소심한 정서적 타박상으로 상념의 넓이가 줄어들었다.

이태백의 <야숙산사夜宿山寺>와 이태준의 <벽>으로 시상詩想의 폐활량을 견주었다.

수필을 이해하지 못하고 시를 쓸 수 있어도, 시를 이해하지 못하고 수필을 쓸 수 없다는 이야기. 당시를 읽으면 그림이 그려지는 듯, 그림을 보노라면 음악을 듣는 듯, 음악을 듣고 있노라면 시를 읽는 듯 종횡무진이다. 이런 시경詩境을 필사의 각오로 수필에 끌어내야 하고, 그런 형상화를 시화동원詩畵同源의 순응으로 산문에 풀어내야 한다.

5

시도 잘 쓰고 그림도 잘 그렸던 왕유는 아무도 없는 산에서 지는 해를 바라보며 지난날의 거친 세상을 환청으로 듣는다. 누구도 거들떠보지 않는 푸른 이끼 위에 저물어 가는 햇살이 어두운 숲을 뚫고 들어와 잔상으로 피어난다. 그 절정과 절정 사이에서만 얻는 절대자유가 사슴 울타리였다. 푸른 이끼를 흘러가는 햇살 같은 영감은 시인의 육감에서 피어난 돋을새김이었다.

왕지환, 맹호연, 왕유, 이백, 두보, 백낙천, 가도의 시 그리고 장대, 주자청, 근원, 상허의 문.

수필에는 이론이 없다는 말을 듣는다. 당나라 시문학의 대표주자였던 저들이 장황한 시론을 주저리주저리 늘어뜨리며 휘황찬란한 시세계를 흩뿌리지는 않았다. 삼라만상이 수필이다. 알면 사랑이고 모르면 그만이다.

왕희지가 어느 집을 방문하였다. 정원을 지나치다 탐스런 궁둥이를 뒤뚱뒤뚱 흔들며 걸어가는 오리들에게서 눈을 떼지 못하였다. 그런데 눈치 빠른 주인이 오리고기를 점심상에 푸짐하게 올렸다. 유연한 오리 모가지 움직임이 운필 할 때의 손목 동작과 유사하여 유심히 바라보았던 천하명필은 그저 어안이 벙벙하였다.

조선의 삼절이라 일컫던 자하紫霞 신위申緯의 자세도 눈여겨 볼 만 하다.

글씨를 쓰는데 반드시 진나라나 당나라를 따라야 할 필요는 없다. 나의 마음을 손으로 나타내 눈에 거슬리지 않으면 된다. 어느 경지에 다다른다는 것은 천분에 따르는 것이며, 제일 먼저 속기를 없애는 것이다. 내게 있어 글씨가 생활이라면 옛것을 따른다하여 반드시 극치에 이를 것도 아니다. 옛것을 가짜로 흉내 내기보다는 진짜인 현대의 글씨를 쓰는 것이 어떠한가.

진솔한 마음을 속기 없이 눈에 거슬리지 않게 전달하면 되는 것이지, 자기 것도 아닌 것을 가짜로 흉내 내면 더 그르치게 된다. 신묘의 경지는 하늘이 내린 재주가 있어야 한다. 다만 옛것을 가짜로 따르는 법고法古에만 머물지 말고, 새것을 진짜로 꾸며내는 창신創新에 눈길을 주어야 한다는 다짐이 새삼스럽다.

지금도 무심히 지나치는 형상이 있다. 그러한 상들은 심상에 맺혀지고 이것을 다듬어서 또 다른 형상을 토해낸다.

주제가 선명해지면 싱겁고 모호해지면 쓰디 쓴 것이 문장이다. 고회孤懷한 서정은 표표漂漂한 서사를 보듬고 그 깊은 서사가 솔진 솔진奉眞한 설리와 뭉치면 주제는 가라앉으며 분위기는 우러난다. 자연스럽게 피어나는 그런 아로새김에서 진정한 구도와 그윽한 주제가 색다른 그림으로 빛난다.

시는 시, 문은 문이라며 수필은 사실만을 기록하고 전달하여야 한다고 우긴다면 정서의 체증이 유발된다. 감춰진 생각이나 감정을 함축적으로 구상하고, 상징적인 비유도 수필의 기법이라 여겨

왔다. 근원과 상허가 선전하였으나, 현대수필이 그 경계에서 지체할 수만은 없다. 진짜로 수필을 써야 한다.

예민한 느낌에서 신변의 숨겨진 움직임이 글로 읊어지고 그림으로 그려지고 음악으로 바뀐다. 삶의 형상을 새롭게 드러내는 상상의 견고한 짜임에서 물소리를 하늘하늘 그려내고 바람소리를 출렁출렁 찾아내야 인생사상에 대한 새김이다.

따뜻한 영혼을 전한다

범생인 줄로만 알았던 중학생 아들.

그런데 담임이 전화를 하셨다.

패싸움에다가 여자친구 그리고 선생님과의 약속도 수시로 어긴다고 한다.

학교에 다녀와서 맥이 풀린 아내는 아빠가 어떻게 좀 해보라며 등을 떠민다.

훌쩍 커버린 키에 헐렁한 옷차림 세운 머리칼 그리고 눈을 내리 깔고 '해 볼 테면 해 보세요.'하고 마주 섰는데 스스로를 책하고 싶다. 심하게 윽박지르다가 살살 달래면서 훈훈한 마음과 따끔한 질책을 전하려 애를 쓰지만, 건성건성 다짐을 잘도 하는 아들의 모습이 천사 같기만 하다.

모진 말을 한 것이 걸려 한참 후 불쑥 녀석의 방으로 들어서니

침대에 길게 누워 책을 보고 있으면서 내게는 눈길조차 주지 않는다. 뜻하지 않게도 그 책은 ≪내 영혼이 따뜻했던 날들≫이다. 순간 아름다운 향기를 맡은 기분이다. 아내에게 그 녀석이 좋은 책을 읽고 있다고 우쭐대자, 벌써 냈어야 할 독후감 숙제라며 웃는다.

준에게

지금 현대문학사에 와서 큰고모를 만나고 나서 한두 가지 느낀 점이 있어서 적어 보낸다.

1. 고모의 말과 대조해보니, 그동안에 — 시험 준비하는 동안에 — 이틀 동안이나 밤을 새웠다고 하는데, 사실에 어긋나는 것 같으니 차후에는 그런 사소한 거짓말도 하지 않게 했으면 좋겠다. 잘 보았든 잘못 보았든 참말을 듣는 것이 좋지, 거짓말로 아무리 잘 보았다는 말을 들어도 아버지는 반갑지 않다. 오히려 화만 더 난다. 좌우간 평상시 때 공부 좀 더 자율적으로 열심히 하고, 누구에게나 거짓말은(혹은 흐리터분한 말은) 일절 하지 않도록 수양을 쌓아라.

2. 저고리에 단 배지에 대한 일. 아무리 생각해도 푸른빛－책받침을 오려 댄－밑받침을 댄 것은 좋지 않다. 학교에서도 보면 좋아하지 않으리라. 정 나사가 맞지 않거든 하얀빛 책받침을 구해서 오려 달거나 그렇

지 않으면 하얀 헝겊을 밑에 바치도록 해라. 색깔이 있는 것은 피해라. 순경의 견장 같기도 하고 인상이 좋지 않다. 조그마한 일이니까 어떠랴 하지만, 그게 그런 게 아니다. 복장은 어디까지나 학교의 규칙대로 단정히 해라. 모자를 부디 꼬매 써라. 농구화도 앞이 떨어지거든 꼬매 신어라.

3. 하모니카 연습을 한다고 그러던데, 고모 얘기를 들어보니 한 번도 부는 것을 들어본 일이 없고, 하모니카가 있는지조차도 모르는 모양인데 어찌된 얘기냐? 이것도 실없는 말이었으면 반성해서 고쳐라.

4. 버스 부디 조심하고, 숲 속을 다닐 때면 뱀 조심하라.

5. 이것저것 종합해보니 암만해도 오늘 용돈을 너무 허술히 내준 것 같은데 엄마한테 지청구 듣지 않게 절약해 써라.

6. 시험성적 발표되거든 정확하게 알려라.

7. 엄마 보고 가라고 했는데, 왜 안 보고 갔느냐.

8. 마음 턱 놓고 학업에 열중하고 집의 일도 간간이 도와드려라.

— 김수영의 서한집 <장남에게 보낸 편지> 전문

서한을 수필이라 하기에는 미흡하겠으나, 모든 것을 포용하는 바다 같은 위상공간의 기저에서 서간문도 먼 길을 쫄쫄거리며 흘러가는 한 지류임에 틀림없을 것이다.

시는 고독하고 장엄하며, 당신이 내 얼굴에 침을 뱉기 전에 내가 먼저 당신에게 침을 뱉는다며, 사회를 거부하였던 자유의 시인, 자기 검열을 몰랐던 직선의 산문가 김수영의 부리부리하고 퀭한 눈매는 아들에게 보내는 당부에서 자상해진다.

이것이 산문의 힘이 아닐까.

따뜻한 영혼을 전하는 삶의 편린들이 소박하게 나열되어 보는 이의 속내는 따듯해지고, 문학을 표방한 혼자만의 정취나 감흥은 없어도 읽는 이의 눈길은 금세 친근해지기에.

나도 아들에게 아버지라는 이름으로 사랑의 편지를 써야겠다.

"공부하느라고 고생 많지."

3. 우연히 썼네

서술론

심상한 일상이 스치는 무심한 정적(靜寂), 이러구러 붓 가는 대로의 붓질이 아니라, 마음 따라 붓이 여울지는 허허로운 참모습에서 회심작이 탄생한다. 대표작이 없는 작가, 작품집은 서가를 가득 메워도 이것이 진정 내 수필이라며 내세울 작품이 없다면 그것은 그저 붓질의 소산일 뿐이다. '붓'은 결정이고 '가는 대로'는 부단한 구상과 실험적 상상의 열정이다. 그러다가 어느 날 정말 나도 모르게 '우연히 썼네.'라는 절정에서야 꽃을 피우는 것, 그것이 수필이다.
— <우연히 썼네> 중에서

심심한 그 맛

화창한 어느 날, 윤오영은 탑골공원에 앉아 무료한 시간을 보내다가, 한 노인의 무교탕반武橋湯飯은 달거나 고소하거나 기름져서가 아니고 바로 엷고 맑은 담淡한 맛이라는 예찬을 귀담아 듣는다. 그리고 고상한 담미淡味의 내력을 수필로 삭힌다.

그 집 간장은 한 술만 쳐도 육수맛이 나고, 그 집 솥은 맹물을 끓여도 육수맛이 나는 것이 특색이요. 결국 비결은 장맛인데, 그 집 장독이 유명했오. 원래 장독이나 김장독은 냉수를 열흘을 담아두어도 물맛이 변하지 않는 것이 일품인데, 그런 일품으로는 육상궁 김칫독과 회암사 장독을 꼽았지요. 그래서 김치맛은 육상궁이 제일이요, 장맛은 회암사가 유명했지요. 이 무교탕반집 독이 바로 회암사 독이었오. 사실 신비한 일이지요 그 집 장 담그는 법이 또 유명하오. 메주는 꼭 장단백태長湍白太를 써서 잘 띄웠고, 물은 밤중에 복주우물을 떠다 했고, 장을 담을 때는 인줄을

매고 잡인의 출입을 금하고 치성을 드리고 나서 담았던 거요. 그 후 그 독이 없어지고, 그 법도 끊어졌오

　예나 지금이나 맛을 찾아다니는 미식가들의 행차는 지위고하가 없을 정도로 분주하였는지, 종로통 무교동에서 장대 끝에 하얀 종이술을 매달아 국밥을 말아 팔던 무교탕반에는 만인지상 헌종이 미복微服하고서 수시로 드나들었을 정도로, 그 맛이 깔끔하였다고 한다.
　심심한 그 맛, 치옹은 수필에서도 이 담담한 맛을 일품으로 치켜세운다.

　회암사 장독이 없어지고, 장 담그는 법도 끊어졌다는 탑골공원 노인의 이야기.
　엷고 맑은 심심한 그 맛에는 분명 달거나 고소하거나 기름진 가미佳味도 배어있기에, 그 시절 무교탕반의 문지방은 늘 부산하였으리. 그러기에 간장은 굳이 파주의 장단백태를 썼고, 물은 밤중에 복주우물에서 길어 왔고, 장을 담글 때는 인줄을 매고 잡인의 출입을 금하고 치성을 드리면서 보듬은 것이다. 그러나 아무리

장단백태이든 심심산중의 석간수이든, 회암사 장독이 없으면 담한 그 맛은 없다.

살아 숨쉬는 장독은 곧 제재를 담아 묵혀두는 심상의 공간이고, 맛깔스런 장맛은 곰삭은 심상에서 우러난 문학적 형상화이다. 우주에 나열된 삼라만상의 소재를 정선하는 것도 어려운 일이나, 그 제재를 담아 묵히는 장독의 실재는 그만큼 지난하다.

우리 모두의 가슴속에는 매끈하든 질박하든 장독 하나가 있다. 이 장독의 소유는, 아니 심상의 세련은 스스로에게 달려 있다. 그 심심한 맛을 위하여.

멋과 분위기

―윤오영 수필을 중심으로

문학은 멋들어져야 한다.

그 멋은 다시 미묘한 화학반응을 일으키면서 분위기로 살아나야 된다.

수필이 특히 그렇다. 살아나면 문학이나 그렇지 못하면 잡문이다.

서정의 추구·은유의 미학·기경한 전환 그리고 유유한 분위기에서 비로소 수필은 제 자리를 잡게 된다. 잘 모르면 초라한 장르라 정의하기를 주저하지 않으며, 못쓰면 다정을 황폐화시킨 국군장병위문편지 한 통만도 못한 뻑뻑한 억지다. '소설로 쓴 시 같은 수필'이 되기 위해서는 작가정신이 앞서야 되며, 그 오랜 고독 속에서도 오직 한 알의 밀알이 척박한 토양에 뿌리를 내리듯 어려운 터 잡기 공정을 마치게 되는 것이 수필가의 내력이다.

서울 봉은사 대웅전 뒤 불경을 모신 판전版殿이 당당하다. 그 법당의 유래보다는 현판 필적의 주인이 세한도의 완당 김정희라서 세인의 눈길을 끌고 있는지도 모른다. 한참을 보아도 못 쓴 자획이다. 정연함 고고함 그리고 단아함이 없는데 돌아서다 다시 보면 왠지 가슴이 뜨겁다. 그렇다면 그 서체에 죽음을 앞둔 한 완고한 서예가의 정신이 응축되어 있기 때문일 것이다. 이것이 멋이요 분위기다.

<멋>이란 한국어의 특수한 단어로, 영역하기는 쉽지 않다. <멋쟁이>라는 사람이나, 어떠한 멋이 있는 것을 영어로 말하기는 어렵지 않겠으나, 멋의 개념을 영어의 한 단어로써 표현하기는 어렵다. 사람의 멋, 경치의 멋, 건물의 멋, 그리고 글월의 멋은 영어로 말하자면 여러 다른 단어를 사용할 수밖에 없다. 그리 생각하면, <멋>이란 것이 한국의 고유한 개념이 아닌가 한다. 멋은 아름다움도 산뜻한 것도 아니고, 풍치스러운 것만도 아니지만, 이 여러 가지 개념과 관련해서 무슨 매력을 풍기고 있는 것이다.

―R·러트의 ≪풍류한국≫중에서

여러 가지 개념과 관련해서 무슨 매력을 풍기는 한국의 멋은 주변 생활 곳곳에 숨어 있다. 멋과 멋이 어우러지면 아련한 분위기에 휩싸인다. 멋은 우리 고유어이며 이것을 추구하여 온 우리이기에, 여기에서 색다른 매력과 분위기를 느끼지 못하면 이방인이 될 수밖에 없다.

윤오영 수필에는 맛을 통한 멋의 추구가 뚜렷하다. 그는 민감한 식도락가이지만 맛만을 탐하지 않았고 소탈한 것도 마다하지 않았다. 신비로운 정서로 싸인 노을과 같은 멋이 작품 구석구석 배어 있지는 않다. 그러나 멋들어진 수필을 구현하려 소박한 고유의 음식을 반상에 올렸다. 그 구현을 클로즈업시켜 수필의 멋인 무드의 존재를 가늠하려 한다.

아주머니는 일꾼들을 보살피러 나가면서 오빠점심 대접하라고 딸에게 일렀다. 조금 있다가 딸은 노파에게 상을 들려 가지고 왔다. 닭국에 말은 밀국수다. 오이소배기와 호박눈썹나물이 놓여 있었다. 상차림은 간소하나 정결하고 깔밋했다. 소녀는 촌이라 변변치는 못하지만 많이 들어 달라고 친숙하고 나직한 목소리로 짤막한 인사를 남기고 곱게 문을 닫고 나갔다.

— <소녀少女>중에서

종다리 높이 울고 베잠방이 땀에 물씬 젖는 보리 베던 늦봄의 정취가 소박한 촌가 건넛방에 놓여진 밥상 위에 흠뻑 배어든다. 오이처럼 순수하고 호박눈썹처럼 소박한 맛이 밀국수 가락에서 멋으로 올올이 알차다. 김치 한 그릇, 간장 한 종지의 크기와 놓이는 자리에 따라 밥상의 멋이 바뀐다. 옥반가효로 상이 휘청거리고 문지방이 닳도록 부산히 들락날락하면 분위기는 산만해진다. 맛은 그렇다 치고 멋이 없어진다. 곱게 문을 닫고 나가는 소녀의 발뒤꿈치에서 분위기는 한층 살아난다.

멋을 인생의 맛이라 느끼고 살아 온 민족이 곧 우리이다. 맛의 양모음의 <아>가 음모음 <어>로 슬쩍 바뀌며 멋이란 새로운 관념으로 나타나는 것은 우리말에 있을 뿐이요, 우리말에서만 생길 수 있는 말의 <뉘앙스>다. 여기에 한국적인 멋의 특색이 있다.

—<한국적 유머와 멋>중에서

맛이 슬쩍 바뀌며 멋으로 된다. 재미있는 전환이다. 한국어의 독특한 음상音相에서 멋이 탄생되었다. 또한 그의 멋 추구는 논거를 갖추고 있다.

한국인의 주식인 쌀의 성분을 분석해서 영양가를 논한다든가, 김치를 많이 먹는다 하여 김치의 성분을 분석하는 방식보다 한 반상의 보좌 관계에서 오는 전체 성분의 적정 비례식 섭취량이 체내에 들어가 작용되는 총가에서 오는 영양의 가치를 논하려는 것이 맛의 조화에서 모든 것을 해결하려는 한국 요리의 특색이다···밥이나, 김치나, 깍두기나 다 한 그릇씩 한 그릇씩 따로는 먹을 수 없는 음식들이다. 외국 음식처럼 한 접시씩 차례차례 먹을 수 있는 것과는 근본적으로 성질을 달리한다··· 오첩의 기본은, 싱싱한 채소류 일첩, 쫄깃쫄깃하고 짠 것 일첩, 지방질이 있는 어육류 일첩, 맵고 싱싱한 것 일첩, 담한 마른반찬 일첩으로 오미五味와 오색五色을 조화시킨 것이다. 그 섭취량의 비례 조절은 그때그때 먹는 이의 구미에 맡기고, 염담은 보통 담한 것을 기준하였으므로 강한 것을 원하는 이를 위하여 간장 초장 겨자 등의 종지를 첨부한 것이다. 맛을 더하기 위하여 양념이 사용되고, 빛을 아름답게 하기 위하여 갖은 고명이 사용되었다. 그러나 맛을 위한 맛이나, 빛을 위한 빛의 일방적 용도를 기피하는 것이 우리의 공통적 사고방식이다. 빛이 아름다우면 맛도 겸해야 하고 맛이 좋으면 빛도 좋아야 한다. 그리고 향기까지 겸해야 하며 합해서 몸에 이로워야 한다. 그러므로 향료 색료 미료 그 용도에 따른 비중으로 구분될 뿐이다.

-<한국의 맛>중에서

그의 반상 연출은 가히 일품이다.

체내에 들어가 적용되는 총가에서 오는 영양의 가치를 논하는 것은 음식물의 화학적 반응을 중시한 것이고, 오첩에서 시작되는 오미와 오색의 조화는 "색은 오색에 불과하지만 그 변화를 다 볼 수 없고, 맛은 오미에 불과하지만 그 변화를 다 맛 볼 수 없다."의 손자孫子와 비견되고, 맛을 위한 맛이나 빛을 위한 빛을 사양한 것은 마음의 빛이 발하는 고유의 멋을 견지한 한 선비의 예민한 감각에서 비롯된 것이다.

그의 맛과 멋은 가깝고 허름한 데 있다.

그것은 세파에서 인생을 맛보고 찾고 또 음미하고 새로이 창조해 나가는 고독의 소산이다. 누구나 생활하고 있으나 생활 속에서 생활을 알고 또 말할 수 있는 사람은 그리 많지 않다. 조미료나 흠뻑 치고 얼큰하고 짜게 해서 펄펄 끓여놓으면 아무 것을 끓여도 맛이 있지 않겠느냐는 식의 어설픈 만용에서는 음식 맛은 고사하고 그런 사람들의 시각엔 삶의 멋이 배어 날 수 없음을 말하고 있다.

두주 살림이 짜인 집 음식은 음식도 맛이 있다고 했다. 나물 한 접시

찌개 한 그릇, 간소한 음식이라도 염담이 맞고 깔밋해서 구미를 끌지만, 그렇지 못한 집은 아무리 찬의 가지 수가 많아도 슴벅슴벅하거나 건건찝찔하기가 일쑤요, 밥도 곧 끓거나 떡뜸이 든다고 했다.

— <두주(豆廚)>중에서

'깔밋', '슴벅슴벅' 그리고 '건건찝찔'이라는 우리 고유어가 자리를 잘 잡았다. 주목해야 할 구절은 '두주 살림이 짜인 집'에 있다. 두주는 옛 세간살이의 보고였고 주부의 정성이 담겨 있었다. 두주 살림이 정갈해야 가족의 건강과 행복이 보장된다. 재료가 지천으로 널려져 있다고 맛이 살아나는 것이 아니라 그때그때의 정황과 주부의 센스에 따라 멋이 배이도록 짜여져야 한다는 것이다. 짜이지 못하면 그것은 시장바닥에 널브러진 찬거리보다 못하다.

같은 음식이라도 바람 불고 비 오고 눈 오는 날에 따라 다르고, 비도 세찬 소낙비냐 은은한 는개냐에 따라 바뀐다. 맛이 있다고 아무 때나 그 맛이 살아나는 것이 아닌 것이다. 분위기가 있어야 맛과 멋에 품격이 배이게 되는 것이다.

장작불이 이글이글하는 화로가에 둘러앉아 우리의 연회는 무르익어 갔다. 밥풀이 동동 뜨는 도봉동의 가양주(家釀酒 : 물론 밀주다), 그리고 무청김치는 양주의 별미다. 지방이 지글지글 끓는 등심을 썰어 석쇠에 놓고 소금을 뿌려 가며 먹는 방자고기의 야취野趣 저육을 많이 넣고 파와 촌두부를 썰어 넣어 얼큰하게 끓인 김치찌개의 풍미風味, 가슴을 풀어놓고 목 놓아 소리쳐도 천지가 듣고, 산악이 받아 줄 뿐 걸리는데 없는 자유··
·만취가 되어 눈 위로 비틀거리며 내려오다가 큰길에서 소마차를 얻어 타고 노래를 부르며 오던 것이 어제 같다.

―〈설회雪會〉중에서

눈이 소담스럽게 내리던 날. 일망무제의 은세계를 찾아 친구들과 함께 다른 멋을 구가한다. 방자고기, 탁주, 무청김치, 소금과 파 그리고 촌두부가 전부이건만 거기에 설미雪味가 가세되어 자유를 만끽한다. 눈 온 도봉산에는 멋이 있고, 그 멋은 하얀 분위기로 하늘을 덮는다. 소박하고 운치 있는 한국의 맛이며 우리의 멋이다. 그리고 이 멋에서 출발해야 새로운 맛과 멋이 창조되는 것이다. 향기 있는 분위기가 감지된다.

한국 음식에 익숙한 솜씨가 아니면 이 대담한 새 음식은 탄생될 수 없다. 실상은 모든 솜씨가 융합돼 있는 것이다. 이른바 무법중의 유법이다. 무를 꺽둑꺽둑 막 써는 것은 곰국 건지 썰던 솜씨요, 무를 날로 먹도록

한 것은 생채 먹던 솜씨요, 고추가루를 벌겋게 버무린 것은 어리굴젓 담그던 솜씨요, 발효시켜 익혀 먹도록 한 것은 김치 담그던 솜씨가 아니겠는가, 다 재래에 있어 온 법이다. 요는 이것이 따로따로 나지 않고 완전 동화되어 충분히 익어야 하고 싱싱하고 얼큰한 맛이 구미를 돋구도록 염담을 잘 맞추어야 한다. 음식의 염담이란 맛의 생명이다. 그리고 이것이 한국인의 구미에 상하 귀천 없이 기호에 맞은 것이다. 그러 면 되는 것이다. 격식이 문제 아니오 유래가 문제 아니다.

-<깍두기에 대한 이야기>중에서

무를 꺽둑꺽둑 썰어 깍두기를 만들어 낸 우리 민족의 재치와 손맛을 산뜻하게 표현하였다. 같은 재료를 가지고 음식을 만들지만, 짜고 심심함을 잘 맞추지 못하면 싫은 매 보다 더 고약해진다. 심심한 맛은 빛 좋은 고명이나 생각을 깊게 하는 양념보다 폭이 넓다.

먹어도 맛을 아는 이가 드물고, 맛을 알아도 그 맛을 내기에 남 다른 비법과 정성이 들어 있는 것을 아는 이가 드물다는 말은 나에게 어느 시사를 주는 것 같았다. 더우기 그 담淡하다는 말.

-<무교탕반武橋湯飯>중에서

염담은 담박한 것을 기준으로 한다.

개살구 아무리 지레 터져도 맛은 봄 낙지요 가을 조개이듯, 화려하거나 농염한 음식은 맹물에 삶은 조약돌 같은 멋이며, 이런 분위기에서 멋은 소경 머루 먹 듯 언감생심이다. 결국 초라하거나 화려함은 한국의 멋이 아니다.

나는 일찍이, 어느 해 겨울에 시골촌에 사는 친구를 찾아간 적이 있었다. 일제시대에 숨어 살던 친구다. 야트막한 산 밑에 납작한 초가집 외딴 사랑이다. 아침부터 퍼붓던 눈은 밤이 되자, 거의 추녀 끝까지 찰 것만 같았다. 우리 둘은 깊은 밤, 눈 속에서 긴긴 겨울밤을 지냈다. 문을 열고 내다보니 온 세상이 눈 속에 덮여 있었다. 다만 맞은편 외딴집 창문에 비치는 등잔불만이 옛날이야기에 나오는 신비의 집같이 보였다. 이 방의 등잔불도 밖에서 다른 사람이 보면 그렇게 신비하려니 생각하니, 내 자신 동화 속의 인물인 것만 같았다. 기직 방이 더웠던 탓인지, 밤바람이 찬 줄을 몰랐다. 이때 주인은 밤 한 동구리를 내어 왔던 것이다. 우리 둘은 질화로 가에 마주앉아 불을 헤쳐가며 밤을 구워먹었던 것이다. 그리고 도란도란 이야기로 한밤을 새웠다. 친구가 그리웠던 그였기에, 우정과 정담이 서린 그 밤이었기에, 그리고 그후 그가 이 세상을 떠났기에, 다시 찾을 수 없는 산촌의 그 정경이었기에 추억은 더욱 내 심장을 파고

드는 것이다. 나는 감회에 잠겨 손으로 밤을 한 개 집어 본다.

― <군밤> 중에서

　눈이 하염없이 내리던 밤, 일렁이는 등잔불이 긴긴 겨울밤을 재촉하는 후끈한 사랑방에서 질화로의 사위어 가는 불을 헤쳐 가며 노랗게 익은 밤을 친구와 정담을 나누며 먹던 추억이 질펀하다. 질화로에서 퍽퍽 터지던 밤 맛을 그리는 것이 아니라, 군밤처럼 익어가던 우정과 눈 내리던 밤의 정경이 어우러진 분위기를 사무치게 못 잊어 하는 것이다. 그도 친구도 모두 갔으나, 그들의 영혼은 이런 분위기에서 다시 살아나게 마련이다. 이것이 바로 문학의 멋이요 분위기 아닌가.

　버릴 수 없는 인생의 향기 같은 소재를 찾으면 수필은 반이 성공이라 하였다. 밤이 소재였다. 하지만 맛보다는 멋을 추구하였고, 그 멋은 분위기로 자리매김 된 것이다. 결국 나머지 반은 분위기다. 멋은 제재요, 분위기는 주제다. 그는 수필의 묘妙는 문제를 제기하되 소설적 테마가 아니요, 감정을 나타내되 시적 이미지가 아니요, 놀과도 같이 아련한 무드에 싸인 신비로운 정서에 있는 것이라고 하였다.

삶의 질Life of quality을 추구하는 현대사회이기 때문에 진솔한 삶의 맛에서 우러난 멋을 통해 색다른 분위기를 연출해내는 수필가라야 비로소 미래문학을 창도할 문학수필에의 접근이 가능하다. 물론 분위기는 시간·공간·인간과의 행렬Matrix에서 변형될 수 있으나, 분위기의 질료인 멋은 사랑을 바탕으로 하고 있기에 제아무리 지식기반 정보기술의 디지털시대를 구가하여도 최상의 소프트웨어는 사람일뿐이다.

특히 문학은 사람의 이야기다. 때문에 미래문학이 수필이라면 산문의 바른 길은 바로 멋스런 인간의 형상화 작업 내지는 거기에서 우러나오는 분위기의 향수享受라 할 수 있다.

결국 수필은 멋과 분위기다.

우연히 썼네

'수필'이라는 말.

술술 풀릴 것 같아 쉽고 친근하나, 거친 숲을 헤치는 것처럼 어렵다. 앞마을 언덕처럼 뒷마을 시냇물처럼 정겹지만, 가파른 벼랑처럼 검푸른 바다처럼 두렵다.

不作蘭花二十年 　 난을 치지 않은 지 20년 세월
偶然寫出性中天 　 하늘의 성정을 우연히 그려냈네.

추사 김정희의 <불이선란도不二禪蘭圖> 화제의 일부분이다.

심부름하는 쑥대머리 아이에게 어느 날 우연히 아무 생각 없이 손길 가는 대로 그려준 자취에서, 사소한 일상이 무심하게 스쳐가는 뜻하지 않은 흔적에서, 적막한 숲 속에 아무렇게나 흐트러져 있는 잡초 같은 움직임에서 걸림 없는 허허로운 속내가 술술 피어났다.

그 삼매경이 부럽다.

'난초 치는 것이 가장 어렵다.(寫蘭最難)'며 손사래를 쳤으나, 그는 그 묘경을 새기며 오랜 시간을 보냈다. 그러다가 불쑥 그 오묘한 정곡을 뚫었다. 문을 닫아걸고 갈구하면서, 한편 마음을 산과 바다에서 뛰놀게 하다가 우연히 본성의 한복판을 만났다. 두문불출 구상하고 초지일관 상상을 펴다가 문득 붓 가는 대로 난을 쳤고, '우연히'라며 세상을 향해 이야기한다. 은근한 달관과 당당한 경계이다.

완당의 <불이선란도>에서 수필이 어른거린다.

심상한 일상이 스치는 무심한 정적情迹.

이러구러 붓 가는 대로의 붓질이 아니라, 마음 따라 붓이 여울지는 허허로운 참모습에서 회심작이 탄생한다. 대표작이 없는 작가. 작품집은 서가를 가득 메워도 이것이 진정 내 수필이라며 내세울 작품이 없다면 그것은 그저 붓질의 소산일 뿐이다.

'붓'은 결정이고 '가는 대로'는 부단한 구상과 실험적 상상의 열정이다. 그러다가 어느 날 정말 나도 모르게 '우연히 썼네.'라는 절정에서야 꽃을 피우는 것, 그것이 수필이다.

맵시

어느 스타일리스트의 이야기.

유행하는 스타일마다 다 해봐도 별로 티 나지 않는 사람이 있는 반면, 언제나 트렌드 리더인 사람이 있다. 같은 옷을 입어도 왜 옷태에 차이가 날까. 옷은 반드시 자신을 먼저 분석한 이후에, 자신에게 어울리는 것을 선택해야 한다. 몇 가지 조건들을 충실히 기억하고 있다면, 나도 옷발 잘 서는 사람이 될 수 있다.

'친숙한 소재', '적당한 컬러', '맞는 트렌드' 그리고 '실루엣, 시선의 분할'.

자신의 몸에서도 강조해야 할 부위는 드러내고, 감추어야할 부위는 가리는 시선의 분할이 중요하며, 자신 있는 소재를 선택하고 컬러의 농담을 맞추고 많은 옷을 입어보고 그 느낌을 소화해야 옷맵시가 날렵해진다. '자신의 분석'과 '자신에게 어울림'에서야 옷발이 선다는 것이다.

속과 겉이, 바탕과 꾸밈이 흠씬 녹아든 어울림은 보기가 좋다.

문학에서 '스타일' 즉 문체는 작가의 개성을 드러낼 수 있는 형식이나 구성의 특질이며, 전달하려는 내용을 효과 있게 나타내는 데 작용하는 언어적 제반요소의 총체이다.

옷발에 글발을 걸쳐본다, '자신에게 어울림'이 아름다운 외관인 형식의 모색이라면 '자신의 분석'은 본바탕인 내용의 고찰이다. 패션을 짐작하는 스타일리스트나 문학을 가늠하는 스타일리스트의 탐미적인 감각은 다르지 않다. 옷과 몸의 조화에서 옷발이 선다면, 무늬인 아름다운 외관과 질료인 본바탕의 일치에서 글발이 난다.

개살구 지레 터진다고 무르익으면 신선도는 떨어지고, 모과가 배를 흉본다고 떫으면 감칠맛이 달아난다. 때문에 자신을 분석한 후에 자신에게 어울리는 옷을 입듯이, 자신만의 이야기를 자신만의 독특한 표현으로 드러내어야 날렵한 맵시이다.

청출어람이청어람

　기다란 바지랑대로 키를 한껏 세운 빨랫줄에 파란 무명천이 바람에 펄럭인다.
　쪽물을 흠뻑 머금은 한 조각 보자기, 출렁거리는 바다.
　푸른 바다와 쪽빛 하늘이 서늘한 허공에서 만난다.

　파란색은 인간이 가장 선호하는 색일까.
　유형 중에 가장 큰 것은 바다이고, 무형 중에 가장 큰 것은 하늘이고, 이 너머 가장 큰 것이 마음이라 한다면, 하늘도 바다도 마음도 모두가 푸른빛이다.
　그 색은 깊고도 무척 깊어, 현묘하다.
　터키 이스탄불의 블루모스크는 농담이 다른 99가지의 푸른 타일이 288개의 창문에서 쏟아져 들어오는 빛줄기에 반사되어 어둡

고도 무거운 현란한 빛의 향연을 만발하는 신의 궁전이다. 파란 유토피아. 갈색 모래바람 모진 사막을 일구던 그들에게 푸르고 푸름은 오아시스였다.

저들은 코발트덩이를 용광로에다가 부글부글 끓여 코발트블루를 찾아냈지만, 우리는 잘 익은 쪽잎과 줄기를 항아리에다가 넣고 빗물로 색소를 분리하고 석회와 잿물로 발효시키고 숙성하여 남색 꽃물을 구했다.

치자로 노란색 내고, 해뜨기 전 활짝 핀 홍화 꽃잎을 따 붉은색을 내는 것은 부지런한 여인네들의 수고였고, 검은 빛이 도는 갈색의 쪽잎에서 남색의 염료인 인디고를 찾아 지성으로 정성으로 시퍼런 빛을 걸러내는 것은 염색장의 염원이다.

창공을 차고 나가 구름 속에 나부끼던 세모시 옥색치마의 푸른 빛·

푸른색이 쪽에서 나왔지만, 쪽보다 더 푸르다.(靑出於藍而靑於藍)

'수필'을 흔히 '일정한 형식을 따르지 않고 인생이나 자연 또는 생활에서의 느낌이나 체험을 생각나는 대로 쓴 산문'이라고 한다. 혹자는 이런 애매모호한 성격을 꼬집어 문학이니 아니니 한다. 어떤 수필가는 '일정한 형식을 따르지 않는', 짜여진 운문이 아닌 흩어진 산문이라 백번 인정하면서도 '5매수필'이니 '단수필'이니 한다. 수필이면 수필이지, 줄였다느니 짧다느니 혹 아닌 혹을 붙여 놓는다.

'인생이나 자연 또는 생활에서의 느낌이나 체험'이 '쪽'이라면, '붓 가는 대로'는 '푸르름'이다. 있는 그대로 기록하고 본 그대로 쓰고 느낀 대로 읊는다면 그것은 사실이며 감상일 뿐이니, 자신만의 붓질에 담고 담가 새로운 것으로 바꾸고 바꿔서 누구도 범접 못하는 바탕으로 이끌어야 한다.

범상한 체험이나 느낌은 따스한 심상의 항아리에서 발효와 숙성을 거치지 않으면 맹물도 풀물도 아니다. 붓 가는 대로 생각나는 대로가 겉으로는 무척이나 관대하지만 속으로는 꽤나 까탈지다. 쇠발개발 작문하여 멋대로 운필한다면 그야말로 억지다. 붓대는 아무나 잡는 것이 아니다. 붓을 들었다하면 왕희지체야 못되더라도 초등학생 습자로는 곤란하다. 관대함과 엄격함을 구별도 못하면서 그렇네 아닙네 그런다.

중국의 ≪장자莊子≫나 <배영背映>은 널리 회자되는 산문이며 소품문이다. 누구도 그것을 문학이니 아니니 하지 않으며, 기니 짧으니 하지 않는다. 하나는 웅혼한 철학담론이라면 다른 하나는 일상에서 포착된 짤막하고 애틋한 정감이건만, 어떤 사람은 이것을 좋아하고 어떤 사람은 저것을 좋아하고 또 어떤 사람은 둘 다 좋아한다. 이것을 뭉뚱그려서 수필이라고 하여도 아무도 허접스런 토를 달지 않는다. 장자나 주자청 그들 또한 새파란 쪽물로 원고지를 물들였다.

그네 타는 처녀의 금박 물린 저 댕기는 세모시 옥색치마 있어 아름답다.

발효와 숙성을 거친 수필도 그렇다.

수필가는 억수로 많아도 명품을 찾아보기 어려운 것은 성공한 수필이 고귀한 옥색Ice blue이기에 그렇다. 그렇다고 알뜰슈퍼 옆집 똘이네 문방구에서 인디고블루 사다가 우물럭쭈물럭 쪽물을 낼 수는 없는 노릇이다.

인생이나 자연 또는 생활에서의 느낌이나 체험에서 우러난 쪽을 가져다가 하늘보다 바다보다 푸르고, 푸른 심사에 젖어 붓 가는 대로 푸른 지성과 정서를 뿌려댄다면 제비도 놀란 양 나래 쉬고 볼 것 아닌가.

잇씨 뿌려 홍화기름 내어 다홍치마 만들어도 예쁘겠지만, 쪽씨 심어 쪽저고리 못 만든다면 횟대 뿌리에 걸어두지도, 들며 나며 쳐다보지도 않으리.

쪽씨 심어 쪽저고리
잇씨 심어 다홍치마
명주 고름 곱게 달아
횟대 뿌리 걸어두고
들명 보고 날명 보고

시간과 공간의 삶

　시간은 누구에게나 같지만, 공간은 누구에게나 다른 것에 우리는 고민해 왔다.
　시간과 공간의 근원이 결국 자기라는 사실을 반증함에 다름 아니다.
　나의 탐구가 인간의 영원한 바람이며, 작가가 제시하는 색다른 시간과 공간에서 독자는 한껏 행복해 한다. 시간과 공간의 우렁찬 합창이 곧 생명의 요체이니, 때문에 빠른 세월의 강을 통해 바라본 넓고 넓은 바다가 수필에 담겨야 한다.

　수필에서 소재론이 늘 분분한 것은, 다양하고도 특이한 체험을 통한 수필가의 존재가 글의 풍격을 판가름하기 때문이다. 소재의 외형이 사고와 체험과 관찰 그리고 독서로 대충 얼개가 짜여진다면, 그 제재의 내면은 시간과 공간의 개성적인 추구와 파악이 요체가 된다. 시간은 누구에게나 같겠으나, 공간은 누구에게나 다른 함축에는 보다 넓고 한층 깊은 시각과 접근을 수필은 요구한다. 누구나가 쓸 수 있는 것이 수필이지만, 누구나가 쓸 수 없는 것도 수필이라는 이유도 바로 여기에 있다. 그러기에 누구에게나 시간과 공간은 경經이요 위緯이지만, 시공의 원활한 교류에서야 종횡무진한 산문의 원형Aarchetype이 제시되는 것이다.

"작가마다 환경과 생애가 같을 수 없고, 따라서 그 개성이 같을 수 없다. 내게는 내 소리가 있고 나만이 해야 할 말이 있고, 나만이 가진 수법과 비밀이 있기에 여기에 필적할 작품을 쓰면 되는 것이고, 쓰고 못 쓰는 것은 재질의 문제에 속한다."는 윤오영의 이야기는 삶의 시간과 공간이 산문에 개성적이고 질박하게 배어 있어야 한다는 것과 맥을 같이 한다.

어제는 산수유가 꼬물꼬물 거린 것 같았는데, 이제는 태풍이 웅성웅성 몰려온다고 한다.
시간이 흐르면 공간은 바뀐다.

작가의 고민하는 시간 속에서, 독자의 사색하는 공간은 그만큼 풍요로워 진다.

무늬도 곱게

수필은 한 폭의 비단이다.

처음과 끝이 깔끔하고 무늬는 아름답고 어디 하나 티가 없이 매끄럽게 짜여져야 된다.

문이란, 여러 채색을 모아 비단의 수를 만든 것이며, 여러 글자들을 모아 말뜻을 이룬 것이니, 마치 수놓은 무늬 같은 것이다.

— 유희劉熙의 《석명釋名》중에서

운문韻文과 산문散文이 문을 떠날 수 없듯이, 시든 필이든 문의 위치는 공통분모이다. 한마디로 문학은 운율韻律을 지닌 산문이었다.

문이란 본시 무늬紋의 뜻을 가지고 있어, 시와 산문에 고운 무니가 없으면 가치가 없는 것으로 여겼다. 이런 미학적 개념 아래 현란하기만 하고 감각적으로 흐른 폐단도 있었으나, 글이 비단결처럼 미끈해야 된다는 신념은 계속 이어져 왔다.

한 필의 비단은 무엇인가.

처음부터 끝까지 깔끔하여야 한다.

시작과 말미만 좋아야 한다는 것은 너무 안이하다. 일부에서 수필의 처음과 끝에 대해 구체적인 방법과 실례를 들어 설명하지만, 정작 도움이 되거나 만능열쇠로 통하지는 않는다. 고르고 다듬어진 날줄과 씨줄이 베틀에서 처음부터 끝까지 정성어린 눈길로 제자리를 찾아야 비로소 아름다운 옷감이다. 물론 짧은 분량으로 많은 것을 담으려니 시말의 중요성이 인정되나, 의식적으로 앞뒤를 꿰어 맞추려하다가는 전체를 망치기도 한다.

문학에서의 무늬는 문체와 수사에서 결정된다.

문장이 짧거나 길든 힘차거나 순하든 화려하거나 뻑뻑하든 개성적인 서술 형태이며, 적확한 비유와 논리를 갖춘 강조 그리고 균형 있는 변화를 통해서야 대상의 진실성이 강조되는 것이니, 평범에서 벗어나는 작업이 문학행위라는 것을 반복하면 잔소리다. 한 편의 수필에 수사법이 자유자재로 녹아들면 문장은 아름답게 빛난다.

비단의 고운 무늬에 독자의 시선은 번쩍인다.

때문에 비단에서 흠은 독이다.

공들여 비단을 짜 놓고서 보풀러진 실오라기 하나를 제대로 다듬지 않는다면, 기껏 엿 만들어 솥뚜껑에 놓은 짝이다.

최고의 비단은 간결하면서도 미려하다.

문장도 이와 마찬가지이다. 혼신의 힘을 기울여 써 놓고 마무리 작업을 소홀히 하면 전체를 버리게 된다. 쓸데없는 글발로 시선을 가로막고, 엉뚱한 월점으로 긴장미를 결여시키면 읽는 이의 호흡은 엉클어진다. 문장을 처음으로 시작하는 사람에게는 애교일지라도, 작가에게는 결점이다. 이런 사소한 결함으로 품위가 손상받는 것은 너무 아쉬운 일이다.

인간사의 속정俗情과 사정私情이 걸러지고 다듬어져 고운 실 미운 실로 엮여 무늬도 곱게 아름다운 비단으로 짜여져야 그것이 바로 우리가 바라는 다정多情한 수필이다.

권태

어느 평론가의 수필에 대한 연민.

동서고금에 통달한 듯한 박물학적 지식의 나열, 고문전古文典의 패러디화, 난삽하고도 우회적인 문체의 관념적 유희, 약간의 해외견문으로 섣불리 한국적 현실과 대비시키는 것, 관계개념을 제거한 멋대로의 과장법 등등으로 처리된 허다한 수필을 읽을 때, 이 경우, 읽는 쪽보다는 쓰는 사람 자신이 불쌍하게 보였다.

차라리 이런 것이 수필이라면, 백과사전을 뒤지면 되고 ≪고문진보≫나 수사학 책을 펼치면 되고 철학책을 읽으면 되고 김모씨의 ≪무전여행기≫를 읽으면 되고 신문 사회면을 읽으면 될 것 아닌가 하는 미봉책을 제시한다.

다소 무책임한 이 천의무봉론을 뒤집는다면, 백과사전보다 더 풍부한 지식이나 고문진보와 수사학보다 월등한 문체나 세상을 풍미할 새로운 철학이나 우주를 주유하는 감동이나 매스미디어를 능가하는 생생한 체험으로 승부하라는 괴팍한 편향성으로 결론지을 수 있다.

전해 내려오는 것을 기술할 따름이지 새로운 것을 지어내는 것은 아니라는 공자의 '술이부작述而不作' 이후에도 창작은 꾸준히 계속되어 왔다.

양적 팽창에 기인한 수필의 권태를 부인할 순 없으나, 앞으로도 이러한 양태는 간단없이 진행될 것이다. 아울러 순박한 창작정신을 밑거름 삼아 미래수필의 발전도 모색해야 한다.

현대 산문의 특성에서 '시도한다'는 색다른 모습은 성공적인 요소이다. 나름대로 새로운 변신을 추구하여왔고 성과도 거두었으나, 그 파급에 대하여 허탈한 심정을 부인하지 못한다.

수필은 글재주나 문장력에 의해 쓰여 지는 것도 아니고, 지식과 사변의 여과도 아니고, 개인적 흥미의 차원이 문화적 혹은 공적 흥미의 차원으로 승화되어야 한다는 어느 평론가의 간곡한 당부는 새겨들을 일이다.

소위 명문名文이라는 것이 어디 여반장인가.

청나라 심덕잠沈德潛이 편한 ≪당송팔가문唐末八家文≫을 들여다보면서 감히 어떤 권태를 느끼게 되고, 문장이라는 것이 얼마나 어려운 것인가를 절실히 깨닫게 된다. 멀리 공부자의 술회는 일종의 위대한 권태 아닌가. '이것도 수필인가'하는 권태 속에서 일탈의 각오로 참신한 권태를 찾아낸다면, 그것이 바로 현대수필이 요구하는 진정한 산문정신이다. 혹 시나 소설에 대하여 '문학은 죽었다'하는 야유를 보낼 때는 짐짓 문학적인 은유와 함축을 되새겨 보면서도, 수필에 대하여 '이것도 글인가'하는 쓴 소리를 들을 때는 '쓰면 쓸수록 어려운 것이 수필'이라고 말하겠다.

큰 바위 얼굴

석양에 앞산이 번쩍번쩍 빛난다.

처참한 남북전쟁은 끝났지만, 전장의 상흔으로 사람들의 마음이 아팠다.

평화로운 어느 시골의 한 소년은 어머니로부터 산마루 큰 바위 얼굴을 닮은 아이가 태어나 훌륭한 인물이 될 것이라는 전설을 귀담아 듣는다. 그는 커서 그 사람을 만나보았으면 하는 꿈을 가지고, 자신도 어떻게 살아야 저런 얼굴처럼 될까 생각한다.

돈 많은 부자, 싸움 잘하는 장군, 말 잘하는 정치인, 글 잘 쓰는 시인을 만났으나 큰 바위 얼굴은 없었다.

어느덧 어린 소년은 설교하는 노인이 되었다.

어느 날. 어느 시인의 글을 보다가 그가 큰 바위 얼굴을 닮은 사람이라고 생각하였지만, 만나보니 아니었다. 그런데 이야기를 듣던 그 시인이 그가 바로 큰 바위 얼굴이라고 소리친다. 하지만 그는 집으로 돌아가면서 자기보다 더 겸손한 사람이 큰 바위 얼굴과 같은 풍모를 가지고 나타나기를 간절히 바란다.

나다니엘 호손Nathaniel Hawthorne의 큰 바위 얼굴은 지금도 많은 사람들의 가슴에 남아있다.

전설은 전설로 끝나려나.

큰 바위 얼굴은 그냥 우연히 보내진 자연의 형상인가.

그가 말하고 싶었던 것은 '큰 바위 얼굴은 없다.' 아닌가.

우화 같은 이야기에는 심장한 이념이라든가 난해한 표현은 없다. 세상 사람들의 평범한 스타일로 그려진 자기 성찰이 있을 뿐이다. 그의 진실한 내면은 어느 누구와도 교류를 갖게 한다.

누가 수필을 쓰는가.

올곧은 내성을 지닌 문인인가 아니면 겸손한 풍모를 갖춘 성인인가.

정녕 큰 바위 얼굴이 없다면 참된 수필도 없다는 것인가.

죽음이 얼굴을 들이밀기 전까지만 해도 자랑이고 긍지였지, 장애가 되리라고는 생각지도 못했던 나의 뿔은 교만과 아집과 독선으로 빚어진 욕망의 결정체이다. 남들이 흔히 말해주던 '책임감 강하고 최선을 다하는 사람.', '글재주 뛰어난 사람.'이라던 달콤한 언어들. 칭찬은 오히려 포수가 다가왔을 때 나무에 걸려, 아무리 뺄래도 빠지질 않는, 그래서 나를 더 옭아맨 사슴뿔이었음을 이제사 깨닫는다.

유희남은 암 투병을 하면서 이 <사슴 뿔>을 남겼다.
수필가 유희남은 나무에 걸려 빠지질 않고 점점 옭아매는 사슴뿔을 욕망의 결정체라 하였고, 시인 노천명은 관이 향기로운 사슴은 잃었던 전설을 생각해 내고는 먼데 산을 바라본다고 하였다.

내 수필은 무엇인가.
누구인가, 너는.

교만과 아집으로 똘똘 뭉쳐 입바른 소리나 하는 샌님인가.
욕망의 결정체를 잃었던 전설이라 우쭐대며 심장한 이념이나 난해한 표현을 늘어놓는, 사라진 향기를 느끼지도 못하고서 물 속에 비친 자신과만 소통하는 가납사니인가.

4. 코끼리 이야기

구성론

상상의 확장이 문학이다.
소재가 평범하면서도 특이한 인연으로 다가와 제재로 나서면,
중심제재의 형태에 정신을 부여하는 형상화形象化 과정을 마치고서
문학은 꽃을 피우게 되는 것이다.
작가의 정신세계와 삼라만상의 자연이 만나는 원동력은
상상력이다.
— <코끼리 이야기> 중에서

선線

　화왕산 자락의 창녕박물관 아래 교동고분군.

　무덤들이 화사한 봄볕을 받아 푸른빛을 토하고 있다.

　수줍은 젖무덤처럼 옹기종기 모여 있는 구릉사이에서 편안한 마음으로 오래된 시간과 공간을 되짚어 본다. 비화가야非火伽倻의 주역들이 묻혔던 곳, 그들은 두두룩하게 언덕진 이곳에서 수더분하고 부드러운 흐름이 되어 지금 자신들을 웅변한다. 마치 산 다하면 물 만나고 물 다하면 산 만나는 무던한 곡선이 돋을새김 하듯, 무덤이 다하면 다시 무덤을 만나니 그 굽은 자취는 은은하게 그리고 선연하게 흐른다.

　그 흔한 비석도 상석도 없이 오로지 흙으로만 그렇게 아름다운 총묘를 만들어 낸 가야인들. 이곳에서 문득 신라 진흥왕과 조선 김정호의 발그림자가 느껴진다. 영토 확장에 바빴던 진흥왕은 그

고분군이 내려다보이는 곳에 한반도 최초의 비석 척경비拓境碑를 남기고 떠나갔지만, 찬찬한 김정호는 뫼와 뫼가 만나는 무리 없는 경계를 요모조모 살펴 산계山系와 수계水系가 성공적으로 드러나는 대동여지도를 착안하지 않았을까. 우리의 산하를 유린했던 일본인들은 이 선을 무참하게 허물어 도굴한 보물들을 털털거리며 마차에 바리바리 실어 제 나라로 빼돌렸으나, 그 여유롭고 풍만한 흐름만은 엄두도 못 냈을 것이다.

평범한 소재인 흙으로 단아한 윤곽을 창조해 낸 조상들의 정서와 운율을 음미한다. 주변 풍광과 자연스레 조화시킨 기발한 착상으로 여기저기 흩어진 흙을 제재로 삼아 다지고 다듬어서 미적 형상화의 우뚝한 금자탑으로 오랫동안 뭇사람의 시선과 마음을 사로잡은 흔적은 다분히 산문적인 쾌거이다.

그곳에 소슬한 가을이 찾아와 하얀 억새물결이 아스라이 출렁이고 두둥실 보름달이 휘황하면, 고분들의 부드럽고 유연한 선이 어떤 춤사위를 보여줄지 하는 상상만으로 벌써부터 즐겁다.

바다의 얼굴

　주제를 효과적으로 나타내려고 제재를 알맞게 배열하는 예술적 구조를 구성Plot이라고 한다.
　구성은 소설에서 허구를 진실의 세계처럼 리얼하게 전달하기 위한 방법이다. 그렇지만 수필에서는 자아를 공명의 세계로 은밀하게 확대하는 작업이기 때문에 그것의 압박을 크게 받지 않는다. 그래서 수필에서는 흔히 말하는 무형식의 형식이 오히려 높게 평가된다.
　에세이를 포멀에세이(Formal Essay·正隨筆)와 인포멀에세이(Informal Essay·非正隨筆)로 구분하고, 가벼운 논문의 성격이 강한 포멀에세이는 짜임새 있는 구성에다가 논리가 일관해야 하므로 주제가 확연히 노정되어야 하지만, 사수필에 가까운 인포멀에세이는 자아 세계를 흥미중심으로 하는 것이기에 암시적이어야 한다.

결론적으로 수필에서는 주제가 은근히 깔려야 한다. 자기를 알리려다가 뼈가 드러나면 앙상해져 버리니 노골적으로 드러내는 것보다 슬며시 깔아야 하고, 일상 속에 번득이는 진리의 섬광이어야 하고 가슴을 촉촉하게 적셔 줄 수 있는 그러한 형상화이어야 한다. 그래서 그것을 눈으로 읽을 수 있으면 일품으로 여기지 않는다.

러보크Percy Lubbock의 주제관이 말끔하다.

가장 훌륭한 형태란 주제를 가장 잘 표현할 수 있는 것을 말한다. 훌륭한 작품이란 주제와 형태가 일치하여 분간할 수 없는 작품, 즉 제재가 형태 속에 모두 이용되고 형태가 제재를 모두 표현하고 있다.

윤오영은 수필에서는 주제가 없다고 한다. 수필은 정서요, 정서에는 주제가 있어 감정이 타오르는 것이 아니다. 수필의 주제는 결과적으로 생기는 것이며, 무주제가 주제라 하였다.

주제가 무턱대고 드러나지 않고 결과적으로 생기려면, 형상을 얽어 짜내기 위해 제재를 궁굴리고 궁굴려야 하는데 그 궁구가 바로 구상의 시간이다. 그러기에 소설에서 구성이라면, 수필에서 구상이라고 한다.

한흑구는 <나무>를 쓰는데 5년, <보리> 3년, <석류> 2년 <코스모스> 2년 등의 시간을 경과하며 시찰視察한 뒤에 붓을 들었다. 직관력과 영감에서 얻은 주제들을 메모에 적어 두고 가끔 그 주제들에 대한 소재를 연구하여 그것들을 표현할 수 있는 구상이 다 익었다고 생각이 될 때에 비로소 붓을 들었다.

그 제재가 무엇이든지 간에 쓰는 이의 독특한 개성과 그때의 무드에 따라 '누에의 입에서 나오는 액이 고치를 만들 듯이' 수필은 씌어지는 것이다. 수필은 플롯이나 클라이맥스를 필요로 하지 않는다. 가고 싶은 대로 가는 것이 수필의 행로이다.

피천득의 <수필>이다.

그도 플롯을 필요로 하지 않는다고 못을 박았고, '가고 싶은 대로 가는 것'이 수필이라 하였다. 논리에 구애되지 않으면서도 논리가 있고 형식에 얽매이지 않으면서도 무형식의 형식을 갖추고서는 독특한 개성과 그때의 무드에 따라 누에의 입에서 나오는 액이 고치를 만든다며 타고난 문장력을 높이 받들어 귀하게 여겼다. 가고 싶은 대로 가는 것이 수필의 행로라고 한 것은 없는 듯 있는 듯, 예술적으로 한 차원 높게 승화된 구상의 기교를 역설적으로 강조한 것이다.

은하수처럼 망라된 소재 중에서 찬연한 제재가 선택되면, 비로소 수필은 하늘에 빛나는 별이다. 유독 빛나는 북극성 같은 중심제재가 있으면, 뭇별 같은 제재들은 중심제재를 주제로 이끌어 가는 살별이다. 중심제재는 밝은 달 같아야 하며, 보조 제재들은 반짝이는 별들이 서로 어우러지는 듯 정연하여야 한다.

삼라만상이 소재인 장르가 수필이라서 형식과 내용이 다양하고 자유로우나, 작가의 심미안을 통해 걸러진 제재의 견고한 구상을 통한 형상화가 수필의 본령이다. 문장 전체에 흐르는 완고하면서도 리드미컬한 구상에서, 주제와 제재는 유기적 함축적으로 농축되고 여운은 잔잔하게 깔린다. 있는 듯 없는 듯 구성이 존재하면 부담 없이 읽다가 흠뻑 빠져들게 되는 것이 수필의 추구하는 바이다.

단순·복잡 그리고 산만·긴밀이라며 구성의 얼굴을 잣대에 맞춰 성형하려는 움직임도 있으나, 수필은 어디까지나 무형식의 형식이기에 부담 없는 구성을 최고의 미인이라 여긴다. 바로 이런 얼굴을 그려내기 위한 구성에 대한 천착은 여간한 일이 아닐 수 없다. 뚝배기에 담을 음식은 뚝배기에, 반상기에 담을 음식은 반상기에 담아야 제 맛이 나듯, 내용과 형식이 하나가 되었을 때 진가를 발휘하게 되는 것이다.

구성은 제재와 불가분의 관계이다.

주제에 가까운 중심제재를 선연하게 도출시키는 제재의 신중한 운신은 매우 중요하다. 수필은 분량의 제한이라는 독특성과 한계성이 있기에, 비교적 짧은 산문에서의 구성은 중심제재가 축으로 유려하게 배치되는 제재의 포석이라고도 할 수 있다. 엄선된 제재가 제자리를 점유하고 있으면 구성은 절로 짜여지게 마련이다. 구성의 짜임이 먼저인가 제재의 운용이 나중인가는 필자의 취향이자 역량이다.

제재가 일관되면 단순구성이고 다양하면 복합구성이며, 분분하면 산만구성이고 촘촘하면 긴밀구성이 되는 것이다. 이런 내용을 반드시 짜여진 구성에 담을 것인가 하는 문제는 오히려 수필을 고착화시킬 우려가 있으니, 오히려 모든 구성의 장점을 취합하여 적절히 구사하는 것이 절실하다. 물론 구성을 이채롭고 다양하게 엮는다고 잡다한 제재를 늘어놓는 것은 오히려 득보다 실이 많을 것이기에 지양하고, 적은 제재이지만 중심제재를 은근히 포용하는 작법을 지향해야 한다.

한정된 제재를 깔끔하고 참신하게 구현하려면 기경한 전환이 필요하다. 자연스럽고 참신한 전환은 구성의 혈관 같아서 흐르는 물처럼 생경하지도 느슨하지도 않는 중용을 지켜야 하니, 한 편의 수필에서 구성은 마치 체액같이 활기찬 움직임이며 자양분이다. 때문에 구성이 전환 가운데 숨어야 되고, 전환 속에 구성이 나타나야 되기에 전환과 구성은 하나라고도 한다.

탄력 없는 구성에는 정이 머물지 않는다. 그렇다고 바닷물을 가두어 고기를 모두 잡아버리려는 만용은 통하지도 않고, 그런 구성에서는 머리가 아프고 감정만 상하게 된다. 성근 그물에 정을 가두는 그런 구성이 요구되는 것이다. 다정多情으로 그물의 날줄과 씨줄이 엮여지면 속정俗情은 저절로 걸러지게 되고, 제재와 주제는 제자리를 잡게 되어 수필은 만선을 이룬다.

구성은 바다 같다.

아마 수필에서 요구하는 구성이 이런 것이 아닐까. 주변의 사사로운 소재를 번다하지 않고 있는 듯 없는 듯 슬며시 비틀어 주는 문학적 역량에서 독자들의 눈은 부시고 귀가 열린다.

　때문에 수필에서의 구성은 무주제의 주제처럼 혹은 바다의 얼굴처럼 선뜻 우리에게 다가서지 않을지도 모른다.

　바다는 강을 거부하지 않는다.
　수필은 모든 것을 포용하는 위대한 바다이다.
　망망대해에 서면 처음과 끝을 가늠하기 어렵다. 마음은 넓어지고 머리는 상쾌해 진다. 그냥 바닷가 끝자락에 서서 즐겁다.

바람으로

바람이 불면 살랑살랑 흔들리든 휘청휘청 휘어지든, 풀은 자란다. 아침에 바람이 불면 저녁에 비 오듯이, 바람은 구름을 몰고 다니다가 비를 뿌린다. 때로는 너무 거칠어 꺾여 나가기도, 때로는 너무 사나워 휩쓸려 나가기도 한다. 그러나 바람은 세버들을 나부끼게 하는 떨림처럼, 대개 그런 움직임으로 우리에게 서늘하게 다가선다.

군자의 덕은 바람이고, 소인의 덕은 풀이다. 바람이 불면 풀은 반드시 쓰러진다.

─≪논어≫ <안연顔淵>중에서

군자는 지혜롭고, 소인은 그렇게 살기를 바란다. 군자의 언행은

소인을 쓰러지게는 하여도 부러지게는 하지 않는다. 인간을 지혜
롭게 하는 역경처럼 이맛전을 언뜻 시원하게 스친다.

위에서는 아래를 풍화風化하고, 아래서는 위를 풍자諷刺한다. 수식을 가다듬어 넌지시 간한다. 이를 말하는 자 죄가 없으며, 이를 듣는 자 훈계로 삼아야 한다. 때문에 바람이라 한다.

— 《모시毛詩》 <대서大序>중에서

'바람으로 찌른다.'는 '풍자風刺'에서 '풍자諷刺'의 풍모가 드러난다. '바람'에 '말(言)'이 실렸다. 바람을 탄 한 땀 한 땀의 언어가 침(箴)으로 날카롭게 되었다. 부조리의 고발과 모순의 비판, 오류의 수정을 목적으로 공격하고 심지어는 야유한다. 그러한 파괴성은 참여문학에서 전가의 보도처럼 뾰족한 첨병이었다.

그러나 수필은 작가가 드러나든 숨어있든 자신이 주인공이 되어야 하는 자전적 문학이다. 수필의 풍자에는 재치와 기지가 살짝 가미되어야 한다. 날렵한 재치와 세련된 기지가 그의 풍격을 가늠한다. 훈계의 대상자가 된 상대방도 그 글을 읽으면서 자신도 모르게 쓰러지고, 그에게 전하는 바람 같은 변통수를 금과옥조로 삼

을 만하다면 성공을 거둔 셈이다.

바람은 누구에게나 분다.

밝은 달빛 아래, 맑은 바람이 분다.

풍자는 바람으로 변죽을 치는 즐거움이다.

바람처럼 수식을 가다듬어 바람처럼 넌지시 전한다.

바람으로 찌르듯, 바람으로 울린다.

삶은 바람이다.

코끼리 이야기

꿈을 꾼다.

신비의 아프리카.

이글거리는 해를 머리에 이고, 인공의 문명과 자연의 문화가 공존하고 대립하는 땅.

태양이 높으면 비 내리고 낮으면 땅은 뜨겁지만, 킬리만자로 정상에는 온통 하얀 눈이다.

전설을 먹고 자란 거대한 바오밥나무 아래 원주민들이 옹기종기 모여 노래를 한다. 한 사람이 조그맣게 선창하면 뒤따라 불려지는 유장하면서도 경쾌한 선율이 검은 땅에 나지막이 깔렸다가는 흩어지고 그쳤는가 하면 다시 귓전을 울린다.

기울어 가는 커다란 적도의 태양이 지평선에 걸쳐진다.

순간 끝없이 이어진 아카시아 숲에서 회오리바람이 인다. 자욱한 흙모래가 일며 지축이 운다. 삽시에 웅장한 아카시아 나무들이 춤을 추듯 일렁거린다. 흥겨운 울음소리와 번쩍이는 상아들, 아프리카를 닮은 귀들이 깃발처럼 펄럭이고, 아카시아 나무들은 갈기갈기 찢기다가 무참히 무너져 내린다. 생명의 숲에는 한바탕 장엄한 전장이 펼쳐진다.

잠시 후.

세계를 떠받칠 것 같은 한 마리의 웅장한 흰 코끼리가 미끈한 두 엄니 사이로 기다란 코를 높이 뻗치고 양 귀를 치켜세우며 우람하게 아카시아 숲을 헤치고 나오자, 곧 그 뒤를 무수한 코끼리들이 질서정연하게 따른다. 긴 코를 유연하게 말았다가 힘차게 펴고 괴성을 지르고, 가는 눈을 가진 코끼리들이 구름처럼 움직인다. 마치 아프리카가 떠나가는 듯 하다. 육중한 다리로 땅을 구르는 소리는 심장의 힘찬 고동 같은 북소리로 바뀐다. 군상群象이 서서히 빠져 나오자 푸른 아카시아 숲은 무너지는 높은 탑으로 변한다.

삶과 죽음을 주관하였던 태양이 넓은 대지를 오묘한 빛으로 감싸면, 석양의 아프리카는 지혜의 코끼리들을 위한 명상의 마당으로 바뀐다.

원초의 나대지에는 어둠이 서서히 밀려든다.

상상의 확장이 문학이다.

소재가 평범하면서도 특이한 인연으로 다가와 제재로 나서면, 중심제재의 형태에 정신을 부여하는 형상화形象化 과정을 마치고서 문학은 꽃을 피우게 되는 것이다.

작가의 정신세계와 삼라만상의 자연이 만나는 원동력은 상상력이다.

사실 그대로 전달하는 보고문학이 아닌 수필에서 상상은 순수의 세계이다. 때문에 기억의 의미에 가까운 과거의 사건을 마음에 떠올리는 모방적 상상보다는, 이성에 입각해 감각적 인상을 추구하는 창조적 상상을 높이 평가하는 것이다. 작가의 정신세계를 떠도는 제재는 상상의 공간에서 자유롭게 움직인다. 가까이 근접하다가 홀연 갈등과 모순을 거치고 오랜 여과와 침잠에서 하나의 예술 상象이 맺히게 된다.

구상具象・사상事象・역상易象과 조상彫像・초상肖像・우상偶像에서 볼 수 있듯이 상象과 상像은 바탕과 느낌이 다르다. 상상想象과 상상想像을 혼용하기에 경계가 불분명하지만, 상象은 잠재된 정신세계에 근거하고, 상像은 드러난 외형세계에 가깝다.

상象은 무엇인가.

중국에서는 처음에 코끼리를 볼 수 없었으므로 상상의 대상을 나타내는 뜻으로 쓰였다. 오늘날의 상징이라는 유래도 '상象'에서 유래한다.

혹독한 시련의 빙하기를 살아남은 포유동물 가운데 오대양의 고래 다음으로 아프리카·인도의 코끼리가 가장 크다. 일찍이 세계 중심 국가를 자처해 온 중국은 코끼리를 섬기고 숭배하였다. ≪역경≫에서 하늘과 땅의 자연현상을 설명한 8괘의 상象이 바로 역상易象이며, 위편삼절韋編三絶의 공자를 추앙하기 위한 상준象尊은 신성한 제례를 상징한다.

코끼리를 연모한 중국인의 정신이 높이 평가된다.

연암 박지원은 중국을 여행하면서 코끼리를 이야기한다.

내가 북경에서 코끼리 16마리를 보았는데, 모두 쇠사슬로 발을 묶어놓아 그 움직이는 모양은 보지 못했다. 이제 두 마리의 코끼리를 열하의 행궁 서쪽에서 보니, 전신을 꿈틀대며 그 걸어 다니는 품이 마치 풍우가 움직이는 듯했다.

나는 언젠가 새벽에 동해를 지난 적이 있었다. 그 때 파도 위에 말처럼 선 것들이 수없이 많음을 보았는데, 모두 덩그렇게 집채같이 큰 것으로 고기인지 짐승인지 알지 못해, 해가 돋기를 기다려 환히 보려고 했더니 해가 돋으려 하자, 그 파도 위에 말처럼 선 것들은 이미 바다 속으로 숨어버리고 말았다. 지금 코끼리를 십 보 밖에서 보면서도 오히려 이 동해에서의 생각이 떠올랐다.

그 생김새는 소 몸뚱이에 나귀의 꼬리요, 낙타 무릎에 범의 발굽이며, 털은 짧고 잿빛이며, 모양은 어질고 소리는 처량하며, 귀는 드리워진 구름장 같고, 눈은 초승달 같으니, 두 어금니의 크기가 이위二圍, 그 길이가 일장여一丈餘다. 코는 어금니보다 긴데, 구부리고 펴는 것이 자벌레 같고, 말아 붙이는 것은 굼벵이 같으며, 그 끝은 누에 꽁무니 같은데 족집게처럼 물건을 끼워 두르르 말아 입에 넣는다.

대체 코끼리를 눈으로 보면서도 그 이치를 이처럼 알 수가 없는데, 하물며 코끼리보다 만 배나 더한 천하의 사물에 대해서랴. 그래서 성인이 《주역》을 지을 때에 상象을 취하여 드러내 놓은 것은 이것으로 만물의 변화를 궁구하자는 소이였던가.

－《열하일기熱河日記》의 〈상기象記〉중에서

꿈틀대는 전신은 대자연의 표상表象으로 코끼리를 통해 상상을 이끌어낸다. 코끼리를 보면서 동해를 떠올리며 덩그렇게 집채같이 큰 동물을 이야기하는 것은 경계가 자유로운 사유의 폭이며, 견문을 통한 사상事象의 근접이다. 혹 오대양을 유랑하다 잠시 쉬러 들른 고래를 보고 그렇게 표현하지는 않았을까. 군맹상평群盲象評의 어원을 연상시키는 묘사의 저변에는 독자의 상상력이 확보되어 있다. 마지막으로 넌지시 역경을 거론하며 산문의 풍격을 한층 높이는 솜씨는 철학의 넓이에서 나오는 것이다.

프랑스에서 릴케의 행적은 조각가 로댕과의 만남이었다.

로댕의 비서였던 릴케는 예술적 영감을 말하는 전통적인 개념과는 예리하게 대립되는 미술윤리를 배운다. 쉴 새 없이 작업에 몰두하면서 세부묘사와 뉘앙스의 표현에 전념하고, 집중시키고 객관화하는 점에서의 형식을 찾기 위해 부단히 노력하는 방법이었다. 릴케는 서정시의 새로운 양식을 개발했는데, 그것이 바로 이른바 물리적 대상에서 조형적인 본질을 포착하고자 시도한 '사물시事物詩'였다. 존재의 궁극의 형태를 예술로 정착시키려한 이 사물시에는, 시각예술을 상상력이 풍부한 언어로 대체한다. 또한 어떤 시들은 풍경이나 초상화, 성서적이고 신화적인 테마를 화가가 묘사하듯 다루고 있다.

하얀 대리석 속에서 숨쉬고 있는 하나의 형상形象을 조심스레 꺼낸 시인의 상상과 대상이 만난 성과라 한다면 너무 과장인가.

문학은 바다와도 같은 것이다.

낮은 곳에 위치하여 항상 최고의 선을 추구하니, 청탁을 묻지 않고 포용하는 바다는 세상에서 가장 넓다. 많은 사람들이 바다를 막연히 그리고 있듯이, 문학의 한계는 상상을 초월한다.

코끼리를 놓고 사람들이 여러 각도에서 묘사하건만 정확하지도 그렇다고 전혀 낭설도 아닌 것이 바로 문학에서의 수용이다. 눈을 감고 느낌과 감촉으로 표현하여도, 출중한 판단과 예리한 관찰을 거쳐도 하나의 대상對象을 그대로 옮겨 놓을 수 없을 뿐더러, 별개의 평가와 심오한 파괴가 오히려 문학에서 요구하는 심상心象이기도 하다.

매일 상상을 섬기며 아련한 아프리카 평원을 누비는 거대한 코끼리 꿈을 꾼다. 철학의 가르침에 인도된 상상력과 사유가 조화를 이루어 새로운 상형象形을 잉태하는 창조적 예술이다. 그 새로운 창조의 꿈을 꾸려는 것이다.

오늘 나는 또 다시 꿈을 꾼다.

순수의 사바나 초원을 거침없이 가로지르는 코끼리 꿈을 말이다.

상형문자 象形文字

　18C 말, 청년 나폴레옹은 군대를 이끌고, 유럽이 원시적 수렵시대일 때 사막벌판에 통일왕국을 이루고 찬란한 문명을 구가했던 애굽으로 향한다. 나폴레옹은 비록 그 전쟁에서 패하였으나 로제타스톤을 세계에 소개한다. 프랑스 군대는 알렉산드리아 동쪽 나일강 어구 로제타에서 널브러진 돌을 모아 요새를 쌓다가 단단하고 결이 고운 검은 현무암에 새겨진 상형문자를 만난다. 이 문자는 천재 언어학자 샹폴리옹에 의해 해독되고, 이 신성문자神聖文字를 히에로글리프(Hieroglyph)라 부른다.

　19C 말, 청나라 금석학자 유악劉顎은 한약방에 약을 지으러 갔다가, 조제된 용골龍骨 부스러기에 이상한 문자가 새겨진 것을 보고 깜짝 놀란다. 그는 북경 시내 한약방을 돌아다니며 뼈를 수거하여 판독한 결과 중국의 고대문자임을 확인한다. 잽싼 골동품상

들은 황하유역의 상商나라 마지막 수도였던 소둔小屯마을로 모여들었으나, 이미 커다란 흙무덤에서 몇 백 년에 걸쳐 가난한 농민들은 하늘에서 내려온 용의 뼈라며 헐값에 내다 팔았다. 이 상형문자를 갑골문甲骨文이라 부른다.

그 단단하고 결이 고운 현무암은 신들의 암호로 박물관에 모셔지고, 거북껍질이나 소뼈에 그려진 다양한 형상은 면면히 이어진다.

사물을 본 떠 그 사물이나 그것에 관련 있는 관념을 나타낸 추상에 가까운 상형문자는 사물의 형상이 고도로 집약된 이미지다. 때문에 이러한 이미지를 파악하려면 철저한 분석과 과학적 상상력이 요구된다.

세사의 무수한 꼴이 어떤 계기로 형이상인 심상의 스크린을 통해 창조적 상상력으로 인화된 것이 에세이다. 분방자재한 허구가 용인되고 조장되는 소설적 상상력과는 달리, 사실개념에 근거하여 상상력에 의해 미적 형상화로 수필은 완성된다.

상형문자象形文字의 조어가 심장하다.
상象에는 '꼴'과 '코끼리'가 오버랩된다. '꼴'인 사상事象은 구체적 사실적인 개념이고, '코끼리'라는 상상想象은 추상적 상징적인 의미이다.

　나일강의 상형문자는 이러한 의식과 지각을 거룩하게 여겨 일부 계층으로 제한하였지만, 황하유역의 상형문자는 사실개념에다가 상상력을 가미시켜 인류적 공감대를 확보하였다. 요컨대 선험적으로 자유로운 존재의 인간이, 눈앞에 드러난 구체적 사실적 세계에 대해 과학적 창조적 상상을 통해 미적 형상화를 드러낸 결과의 표의문자인 셈이다.

　에세이는 '꼴'과 '코끼리'가 상존하는 사실적이면서도 과학적 상상력의 문학이다. 실재하는 사실적 요소가 산문의 본원적 전통을 고수하는 꼴이라면, 코끼리라는 자유로운 상징적 창조는 수필의 탄력적인 조건을 포용하고 있다.

유머의 에스프리

체액처럼 유머가 수필 속에 흐른다.

유머는 인체의 실핏줄처럼 고르게 퍼져 있어야 하고, 사유의 미소로 되살아나 신비로운 이미지를 드러내야 한다. 유머는 아침이슬처럼 눈앞에 보이지만 잡히지 않는 수필문학의 영롱한 결정이다.

그리스의 히포크라테스는 그의 <체액설>에서 사람의 기질을 혈액blood, 점액phlegm, 흑담즙black bile, 황담즙yellow bile으로 나누고서 우울하고 사색적인 흑담즙형 인간은 철학·예술과 같은 창조적 상상력이 필요한 분야에 적합하다는 진단을 내렸고, 로마의 갈레노스는 이에 기초하여 육체적 질병과 정신적 기질은 단일 체액 내의 어떤 원소의 우세 혹은 체액 간 비율에서 비롯된다고 주장하였다. 서양인들은 흑담즙은 주먹만한 크기의 비장에서 분비되는데, 이 장기는 예술을 잉태하는 자궁이며 위대한 작가의 혈관에는 검은 담즙melanian chole이 흐른다고 믿었다.

엘리자베스시대에는 유머란 단어가 기질disposition, 기분mood, 특정적 특이성characteristic peculiarity, 어리석음folly 혹은 잘난 체affection로 한정되어 희곡이론과 등장인물을 이해하는데 도움이 되었다. 그리고 18세기 산문문학이 발달하면서 유머는 풍자와 조롱과는 뜻이 달라 정답고 긍정적인 형태의 희극성을 가리켰으며, 현재는 골계滑稽의 일종인 미적 범주의 하나로서 관조에 의해 주관적 대비를 일으키는 용어로 규정하고 있다. 수필의 구성요소를 소재, 주제, 구성, 서술과 퇴고라 주장하는 논지를 심심찮게 볼 수 있다. 물론 다섯 가지 요소를 염두에 두지 않고는 안부편지도 어렵기에 크게 틀린 내용은 아니었지만, 이러한 구성요소들이 유기적으로 연결되어 있으면서 또 다른 문학성을 추구하는 것이 수필의 본령이니, 그것은 다름 아닌 바로 유머이다.

칼라일은 "참된 유머는 머리보다는 가슴에서 나오고, 경멸이 아니라 사랑이 본질이며, 웃음보다는 깊숙이 놓여있는 미소에서 나온다."고 하였다. 결국 유머는 깊은 영혼의 울림이다. 오감의 오랜 숙성에서 유머가 천천히 걸러지는 것이기에, 마크 트웨인의 "인간적인 것은 어느 것이나 다 연민의 정을 나타낸다. 유머 그 자체의 은폐된 근원은 기쁨이 아니라 슬픔이다. 천국에는 유머가 없다."는 정의가 돋보인다. 오욕칠정이 존재하지 않는 곳에는 인생의 관조가 부재하기 때문이다. 엄숙의 상징인 공자에게서 우러나는 유머가 최상급이라 하듯이, 유머는 예리한 지성과 온후한 덕성이 겸비된 인격에서 우러나오되 인생을 십분 관조한 결과 생기는 순전한 웃음이며, 참된 자기를 알고 그러한 자기를 객관화시켜 웃을 수 있는 철학적 웃음이며, 단순한 담론이나 문어적 수법의 풍자와도 달라 인간미와 진실성 위에 터 잡으면서 자연스레 뒤따르는 문학적 쾌락이니, 상대방의 급락에 따른 공격성 충족과 억압 욕구의 일시적 해발解發 및 프로이트적 성욕이 작용되는 코믹과 위트와는 구분되고 있다. 때문에 번갯불처럼 날카로운 빈정거림이 아닌 햇빛처럼 골고루 퍼지는 사랑이고, 금세 시들어버리는 웃음이 아니라 오래도록 입가에 번지는 잔잔한 미소로서 흔히 말하는 기지나 해학과도 차원이 다른 문학의 정수이다.

　욱달부郁達夫는 현대 산문의 가장 중요한 특징으로 유머를 거론한다.

유머는 천성의 일종 취미趣味에 근원이 있는 것 같다. 영국 국민은 정치상이나 상업상에는 결코 유머를 쓰지 않지만 문학상에는 어느 작가나 모두 다소의 유머가 들어 있다. 초서, 셰익스피어, 로버트·린드, 버나드·쇼, 에이·밀른, 헉슬리 등이 엄중한 대 작품에서나 가벼운 단문에 흥이 사라질 때는 유머를 쓰게 된다. 그러면 자기의 반대론자도 얼굴을 가리고 웃고, 우수에 잠긴 사람도 눈물을 그치고 입을 벌려 웃게 된다.

신선한 지적이지만, 유머가 위트 언저리에 머문 것이 아쉽다. 한국의 조지훈은 유머에 대해 기염을 토한다.

슬픔과 한의 뒤에는 멋과 유머가 붙어 표리를 이루고 있다. 멋과 유머가 어찌 슬픔과 한을 바탕으로 삼을 수 있는가. 그러나 진실로 이 멋은 슬픔이 초절된 경지이다. 슬픔과 고뇌를 체득한 자의 한바탕 춤이 비로소 멋이 되듯이 유머의 바닥에는 눈물이 깔려 있는 것이다. 한국의 유머는 중국과 영국으로 더불어 비견할 수 있는 고차의 유머라는 것을 이에 유의한 이는 진작 간파할 수 있었을 것이다. 연착된 기차를 기다리며 깊은 밤 정거장에 모닥불을 놓으며 둘러앉아 처음 만나는 사람들끼리 주고받는 농담, 또는 통행금지 시간에 걸려 임시 유치장에서 밤을 새우며 주고받는 농담, 나는 몇 차례 이런 경우를 겪으면서 한국인의 유머족으로서의 관록을 재인식하였다. 역경에 안여晏如하는 그 뱃심에는 유머가 가득 들어 있음을 발견하고 미소를 머금은 적이 한두 번이 아니다. 한국의 유머는 기발하기보다는 은근하고 슴슴한 숭늉 같으면서도 버리기 어려운 운치가 있고, 눈물이 스며있고, 달관과 농세弄世가 있어 좋다. 자자분하고 얌체 없는 것이 아니고 아주 의젓하면서 실소失笑와 홍소哄笑를 금할 수 없게 하는 그 맛이란 천하일품의 것이다.

슬픔과 한 그리고 멋과 유머가 겉과 속을 이루고 있으며, 슬픔의 달관 그리고 버리기 어려운 운치까지 정곡을 찌른다. 그러나 고차의 유머라고 하면서도 스스로 농세弄世라며 본질을 비껴간다. 그리고 그가 제시한 유머의 장황하고 너저분한 보기는 흔한 에피소드에 불과하다. 그만큼 유머의 이론과 실제가 다른 셈이다.

유머란 이론적으로는 접근이 가능해도 실제에 있어서는 쉽게 얼굴을 내밀지 않는다.

김광림은 《현대시학》에서 일본의 야마노구치 바쿠山之口貘를 '아픔을 유머로 푼' 현대시인으로 소개한다.

자학이나 반항·신랄함을 시에서 표출할 때에도 유머라는 오블라토 (膠匜)에 싸가지고 때로는 지독히 웃기기도 하지만 어찌 보면 그것은 그의 모종의 서비스 정신과 자기 시에 대한 강한 신념과의 양 쪽에서 오는 듯하다. 서비스 정신은 그의 서민적 성격의 슬픔과 공동애에서 나왔기 때문에 아첨이나 타협은 결코 아닌 것이다. 한편 유머는 그의 시의 또 하나의 특질이기도 하지만 거기에는 그의 사상과 사는 법과의 다짐이 있으며 의식적으로 구성된 것으로 간주된다는 부연에서 인간의 분노까지도 유머에 싸여 문학으로 승화되고 그러한 테크닉은 삶의 퇴고를 통해 이룰 수 있는 결정일 것이다.

　　이걸 부탁한다고 말하며
　　보자기에 싸온 것을
　　거기에 쏟아보이자
　　전당포는 고개를 옆으로 저었다
　　. . .
　　어떻게 안되겠는가고 거듭 부탁하자
　　전당포 주인은 고개를 설레설레 저으며
　　살아 있는 것 따윈 도저히
　　맡을 수가 없다는 것이었다
　　죽으면 난처하기 때문에
　　. . .
　　여기서 간신히 내 눈이 뜨였다
　　등불을 켜자

방금 거기에

보자기에서 막 굴러 나온

딸애 아내가

잠들어 있었다

야마노구치의 <한밤중>의 일부이다.

 딸을 차마 굶겨죽일 수가 없어 꿈에 전당포에 잡히러 간 처절한 이야기가 아무렇지도 않게 표출되어 있다. 웃어야 할지 울어야 할지 한참 망설이게 하는 작품이라고 김광림은 이해를 도왔고, 수차에 걸쳐 그의 유머와 풍자정신을 높이 평가하였다. 비록 날카로운 현실비판에서 유로되는 풍자정신은 주목을 받을만하지만, 웃어야 할지 울어야 할지 미묘한 감정은 엽기적 페이소스에 가깝지 달관의 정서로 촉발되는 유머로 규정하기엔 미흡하다.

 윤오영은 슬프다 기쁘다 하기보다 꼬집어 말할 수 없는 정서가 있다. 이런 것은 상당히 미묘한 감정이며, 이러한 감정은 미묘한 구상과 미묘한 표현이 아니면 구상화할 수 없다고 하였다. 연암 박지원을 그는 이렇게 평한다.

그의 문장이 우리를 끌고 항상 읽혀지는 이유는 어디에 있는가. 그것은 어느 글에서나 일관되어 흐르는 그의 산문정신에 있다. 평소에 쌓인 온축蘊蓄과 박학博學이 완전히 융화하여 체질이 되고 생활이 되어, 사물을 볼 때마다 자기의 독특한 리듬을 타고 위트와 유머를 풍기며 퍼져, 혹은 풍자도 되고, 혹은 우화도 되며, 고비마다 새로운 기축을 열되, 어느 때 어느 줄을 퉁겨도 거문고는 거문고 소리, 비파는 비파 소리를 잃지 않는 것이 곧 산문정신의 가장 높은 경지다. 연암문장의 진가는 여기서 찾아야 한다.

얼마 전, 다 빈치의 <모나리자 미소>에는 인간의 복합적인 감정 - 행복함·싫어함·두려움 그리고 화냄이 포함되어 있다는 것을 감정인식 소프트웨어가 탑재된 컴퓨터가 밝혀냈다고 한다. 모나리자의 미소를 꼭 집어 유머라고 단정 지을 수는 없겠으나, 슬픔을 뛰어넘은 멋이 그 웃음에 배어 있고, 깊은 영혼의 속삭임이 오욕칠정의 오랜 숙성에서 천천히 걸러지는 것이라 규정한 것에는 시사하는 바가 크다. 그리고 '모나리자의 미소'라 하지 않고 '슬픈 미소를 머금은 모나리자'라고도 한다. 즉 모나리자 눈가에 번지는 '슬픔'과 입가에 매달린 '웃음'이라는 상반된 이미지가 끝내 신비로운 미소로까지 승화되었다는 것이 미술평론가들의 분석인데, 슬픈 웃음의 만남이 재미있다.

　연암은 목하 넓게 펼쳐지는 요동벌판에서 '한바탕 울음'이라는 이야기를 한다.

　천고의 영웅은 잘 울고 미인은 눈물이 많다지만 불과 두어 줄기 소리 없는 눈물을 그저 옷깃을 적셨을 뿐이요, 아직까지 그 울음소리가 쇠나 돌에서 짜 나온 듯하여 천지에 가득 찼다는 소리를 들어 보진 못했다. 사람들은 다만 안다는 것이 희로애락애오욕(喜怒哀樂愛惡欲) 칠정 중에서 '슬픈 감정哀'만이 울음을 자아내는 줄 알았지, 칠정이 모두 울음을 자아내는 줄은 모를 것이다. 기쁨喜이 극에 달하면 울게 되고, 노여움怒이 사무치면 울게 되고, 즐거움樂이 극에 달하면 울게 되고, 사랑愛이 사무치면 울게 되고, 미움惡이 극에 달하여도 울게 되고, 욕심欲이 사무치면 울게 되니, 답답하고 울적한 감정을 확 풀어버리는 것으로 소리쳐 우는 것보다 더 빠른 방법은 없다. 울음이란 천지간에 있어서 뇌성벽력에 비할 수 있는 것이오, 복받쳐 나오는 감정이 이치에 맞아 터지는 것이 웃음과 뭐 다르겠는가?

　사람들의 보통 감정은 이러한 지극한 감정을 겪어 보지도 못한 채 교묘하게 칠정을 늘어놓고 '슬픈 감정哀'에다 울음을 짜 맞춘 것이오 이러므로 사람이 죽어 초상을 치를 때 이내 억지로라도 '아이고', '어이'라고 부르짖는 것이다. 그러나 정말 칠정에서 우러나오는 지극하고 참다운 소리는 참고 억눌리어 천지 사이에 쌓이고 맺혀서 감히 터져 나올 수 없다.

— <도강록渡江錄> 중에서

'즐거움이 극에 다다르면 슬프다.(樂極悲)'라는 성어는 귀에 익지만, "칠정이 모두 울음을 자아내는 줄은 모를 것이다."라는 자연에 대한 호방함과 인생에 대한 투시력은 분명 예사로운 경계가 아니다. 그러나 북받쳐 나오는 감정이 이치에 맞아 터지는—칠정에서 우러나오는 지극하고 참다운 소리인 웃음과 울음을—새로운 세계를 맞이하는 자신의 유머로 표현한 그는 진정 자유로운 방관자이다.

조금 술이 취하자 인하여 운종가雲從街로 나와 달빛을 밟으며 종각鐘閣 아래를 거닐었다. 이때 밤은 이미 삼경하고도 사점을 지났으되 달빛은 더욱 환하였다. 사람 그림자의 길이가 모두 열 길이나 되고 보니, 자기가 돌아보아도 흠칫하여 무서워할 만하였다. 거리 위에선 개떼들이 어지러이 짖어대고 있었다. 오견獒犬이 동쪽으로부터 왔는데 흰빛에다 비쩍 말라 있었다. 여럿이 둘러싸 쓰다듬자, 좋아서 꼬리를 흔들며 고개를 숙이고서 한참을 서 있었다. (중략)

무관懋官이 술에 취해 '호백豪伯'이라고 이름을 붙여 주었다. 잠시 후 어디 갔는지 알 수 없게 되자, 무관은 구슬프게 동쪽을 향해 서서 마치 친구라도 되는 듯이 '호백아!' 하고 이름을 부른 것이 세 차례였다. 사람들이 모두 크게 웃었다. 시끄러운 거리의 개떼들이 어지러이 내달리며 더욱 짖어댔다.

―<취답운종교기醉踏雲從橋記>중에서

연암은 당대의 지식인이자 출중한 인물이었으나 찬밥 신세였다. 끼니가 없어 사흘을 굶는 것이 다반사였던 그 주변에 세월의 축객들이 모여들었고, 무관 이덕무도 그 가운데 하나였다. 몇 잔의 탁주를 걸치고 밤거리를 떠돌던 그들 주위에 비쩍 마른 커다란 오견獒犬이 꼬리를 흔들며 고개를 숙이고서 한참을 서 있다. 이덕무는 괴상한 것을 만나도 전혀 감정을 드러내지 않지만 업신여김을 당해야 비로소 으르렁거리는 '오랑캐 흰둥이胡白'를 '걸출한 형豪伯'으로 패러디하여 세상을 비꼰다. 그러나 그 떠돌이 개도 금세 그들 곁을 떠난다. 무관은 동쪽을 향해 구슬프게 떠나버린 새로운 만남을 세 번 씩이나 외치자 모두가 크게 웃는다.

연암의 산문은 정교한 그물망이다. 어디 한구석 예사로운 데가 없다. 그들 곁을 떠난 떠돌이 개처럼 그들 자신도 떠날 시간이 서서히 다가옴을 예견한 것이다. 그러나 그런 비애감 속에는 감정의 균형이 내재되어 있다. 순간 어렵고 서러운 삶과 시대의 슬픔과 고뇌가 깊은 영혼의 속삭임처럼 멋이 되고 그 멋은 비장한 분위기를 연출하면서 호탕한 웃음으로 허공을 수놓는다. 그 웃음은 농세를 통한 홍소哄笑이자 깊숙한 내면의 페이소스가 엇갈린 미묘한 감정의 유로 곧 유머다.

유머의 정신에서 문학은 팽배해진다.

자신의 이야기를 통해 회의적이면서 부정적이 아니고 유머러스하면서 풍자적이 아닌 에세이 아니, 삶의 행간에서 스며나는 개성으로 찰스 램은 독특하고 매혹적이다. 그의 모방자가 많았으나 그 누구도 그의 감흥을 재생한 사람이 없었다는 지적에서, 그가 유머를 구현하였다는 것과 그런 유머는 아무나 구사하는 것이 아니라는 것을 쉽게 감지할 수 있다.

새삼 김승우金承禹의 연암과 램의 연결이 흥미롭다.

박 연암이 살았을 적에 열 살도 안 되었던 찰스·램을 연암이 또한 알았을 리 없다. 그럼에도 연암과 램은 너무도 비슷한 데가 많다. 이는 다같이 인생의 한계를 깨달은 그들이 슬픈 운명을 희화화하고 고독과 슬픔을 풍자하여 아이러니로 뒤바꾸어 놓은 기경奇警한 비평 감각의 소유자들이었다는데서 온 우연한 일치점일 것이다.

　재작년 겨울에 나는 치이프사이드 거리를 따라 서쪽으로 여느 때처럼 황급히 걸어 가다가 미처 보지 못한 얼음판에 넘어져서 대번에 길바닥에 등을 대고 누어있게 된 적이 있었다. 나는 고통과 수치 때문에 어쩔 줄 모르며 일어나면서도 겉으로는 아무 일이 없었던 것처럼 태연한 표정을 지으려하고 있었는데, 바로 그때 이 어린 재주꾼들 중의 하나가 악동처럼 힐쭉 웃고 있는 광경이 내 눈에 들어 왔다. 그는 저만큼 서서 구경꾼들에게, 특히 자기 모친인 듯 싶은 초라한 여인에게 내 꼴을 가리키고 있었는데 그것이 기막히게 재미있다고 생각했는지 결국 그의 눈가에는 눈물이 글썽이기까지 하였다. (중략) - 순진한 소제부가 힐쭉 웃어 보일 때 그 속에 악의라고는 조금도 들어있지 않는 법이다. - 나로서는 신사의 체통이 그것을 견디어 낼 수만 있다면 한밤이 될 때까지라도 거기 누워서 그의 웃음거리나 조롱의 대상이 되어주고 싶을 지경이었다.

-<굴뚝 소제부를 예찬함> 중에서

　램의 수필 속에는 생활인의 예지가 번득이고 있으며 거의 모든 수필의 기저는 인간성에 대한 열렬한 탐구와 영원한 동경이라고 한다. 그의 수필에서 나타나는 페이소스는, 그의 체질과 생활에서 오는 애수와 감상을 능히 억제할만한 지혜와 유머를 가지고 있었고, 감상에 빠져 거의 눈물이 날 지경에도 그것을 웃음으로 제지함으로써 양자가 교묘하게 혼합되어 독특한 풍미와 향취를 보여주기도 하고, 불우한 가정환경과 미천한 성장과정에서도 심미적 가치를 존중하고 이해한 천부적인 소질로 감상과 비애에 흐르지 않고 리얼한 묘사와 유머러스한 터치로 감정의 균형을 유지하였기 때문일 것이라는 예찬은 오래도록 이어져 온다.

낭만주의의 거장 콜리지의 절친한 친구였던 램은 당대의 지식인이었다. 얼굴이 검은 어린 굴뚝 소제부가 바라보는 가운데 그는 길거리 얼음판에 커다랗게 나뒹군다. 이 광경을 지켜보던 어린 소년은 눈가에 눈물이 글썽일 정도로 웃어대자 신사의 체통을 벗어던지고 웃음거리가 되어주겠다는 천진난만함에는 인간성에 대한 영원한 동경이 반짝일는지 몰라도 다소 작의적인 웃음을 거론하기에 아무나 구사할 수 없는 고차적인 유머의 상황과는 거리가 있다.

유달리 한恨이라는 정서에서 우러나는 슬픔의 이야기를 한국인은 많이 가지고 있고, 슬픈 언어에 우리 삶의 멋이 배어 있기에 그 슬픔과 한 그리고 멋과 유머가 겉과 속을 이루고 있으며, 슬픔의 달관 그리고 버리기 어려운 운치까지 정곡을 꿰뚫는다는 조지훈의 시선이 폭넓다. 그래서 슬픈 언어를 함축시킨 페이소스가 없는 곳에는 유머도 없을 뿐더러, 정념을 억지로 추구하다가는 정을 상하기 일쑤이고, 가슴을 축축이 적신다고 정감 어린 얼굴을 드러내는 것도 아니니, 정한으로만 넘치면 실없고 감흥으로만 버무리면 가벼운 것이다. 기쁨과 노여움과 슬픔과 즐거움은 유머에서야 문학의 주제이다. 작가들이 이것을 형상화하면 유머지만, 그렇지 못하면 페이소스로 끝나는 것이다. 때문에 페이소스도 어렵지만 유머는 더욱 어려운 것이다. 희극 속에 가장 슬픈 비극이 배어있듯이 서정의 맵시가 날렵한 가운데 슬픔이 쾌락으로까지 연결되어야 한다. 따라서 인생의 진한 페이소스는 유머에서야 빛을 발하며, 탈속한 페이소스가 양념이라면 고아한 유머는 최상의 고명인 것이다.

때문에 수필가는 인생사 저녁 그늘 같은 비애감을 행복한 얼굴로 바꾸어야 한다.

위대한 수필가는 냉정한 꾸짖음 속에서도 포근한 미소를 머금는 유머의 행로에 시선을 모두어야 한다. 결국 삶의 관조 속에서 또 다른 미소를 창조하는 바에야, 기쁠 때나 슬플 때도 유머는 독특한 리듬을 타고 흐른다. 누구라도 그것의 자취는 흔할 수가 없는 것이기에, 평생 유머의 모습을 한 작품에라도 새길 수 있다면 수필가로서 최대의 행복일 것이다. 사실 독자들은 수필을 접하면서 이런 자취에 시선을 모으고 있으며, 수필가들도 조용한 미소를 그윽하게 우려내고자 난감해 하는 것이다.

유머는 수필의 체액이다.
체액처럼 유머가 수필 속에 흐른다.
수필은 유머로 윤택해진다.
머리보다는 가슴에서 우러나는 유머가 깃들이는 수필은 정의 함축이다. 세련된 감정의 추구에 유머가 어린다. 정을 배제시킨 유머가 있을 수 없고, 차분한 정이 배어 있는 유머에서야 삶의 윤곽이 드러나는 것이니, 그것이 바로 진정한 수필의 얼굴이다. 감치는 정서와 아스라한 유머가 형상화되면 그제야 미래문학으로 우뚝 서게 되는 것이니, 유머의 에스프리로 가는 여정은 그렇게 평탄하지 않다.

동파 전 東坡 前

동파 선생님.

저는 중국문학을 공부하였고, 어설프게 수필도 여러 해 쓰고 있습니다. 그런데 좋은 글이 안 됩니다. 어깨에 힘을 빼고 쉽고도 재미있는 이야기를 써야 하는데 그것이 어렵습니다. 물맛 같은 그런 수필을 써야 한다는 말도 있지만, 진정한 힘은 부드러운데서 나온다는 말도 알고 있지만, 그러다가 지쳐서 스러지겠지만 스스로 생각해 봐도 답답합니다.

선생님은 이 세상에서 가장 현란한 빛이 고요하고 깨끗하여 산뜻한 '평담平淡'이라 하셨지요. 특히 도연명의 '고담枯淡'이 무척이나 귀하다고 하셨는데, 마르고 담박한 것이 흔하지 않은 이유가 겉이 말랐다고는 하지만 속은 기름지고, 겉이 심심한 듯 하지만 속은 알차기 때문이라 밝히셨더군요.

문학작업을 일정한 바탕이 없는 행운유수行雲流水라 하셨는지요.
떠가는 구름처럼, 흐르는 물처럼.
참, 멋집니다.

선생님은 '소품小品'이라 하였지만, 한국에서는 '수필隨筆'이라 합니다.
일정한 형식에 얽매이지 않고 자유로운 운필로 일상에서 느낀 소회를 간결하게 적어 알맞은 풍격을 유지한 글이 소품이니, 수필도 크게 다르지 않습니다.
소품이든 수필이든, 구름이 가야할 곳으로 떠가고 물이 흘러갈 곳으로 흐르듯이, 글은 자연스레 우러나와야 한다는 말씀이지요. 그리고 그 크기는 사물의 모양에 따라 형식을 부여하는 수물부형隨物賦形의 짜임새라 하셨지요. 그러고 보니, 담담하게 떠다니는 구름도 무심하게 흐르는 물도 모두 저마다의 사연과 목적이 있군요.

동파 선생님.
<적벽부赤壁賦>를 좋아하는 사람들이 많습니다.
이야기가 있고 가락이 있고 게다가 깊은 멋까지 도도하게 담겨

서 그런지 그 노래를 읊을라치면, 사람들이 경기를 일으킬 정도입니다.

사실, 처음 읽을 때 시키는 대로 따라 읽고 떠듬떠듬 우리말로 되짚어 볼 정도였습니다. 이것이 진정한 산문이구나 하는 생각은 감히 못하였습니다. 아는 만큼 보인다고, 뭐 제 그릇이야 좁쌀만큼 하지요.

<적벽부>에서의 '창해일속滄海一粟'을 눈여겨봅니다. 푸른 바다에 좁쌀 한 톨이라, 누가 그렇다는 것인가요. 적벽대전의 영웅들인가요, 선생님 자신인가요, 아니면 우리 모두가 그렇다는 것인가요.

선생님의 이 시를 읊조리다 보면 그 진면목을 알게 될까요.

橫看成嶺側成峰	서서 보면 산줄기, 갸웃이 보면 봉우리
遠近高低各不同	멀거나 가깝거나 높거나 낮거나 제 각각.
不識廬山眞面目	여산의 진면목을 제대로 알지 못함은
只緣身在此山中	이내 몸이 산 속에 있기 때문이라네.

결국은 어렵다는 말 아닌가요.

넓은 바다 가운데 있거나, 깊은 산중에 있거나, 분분한 인파 속에서 살아가는 우리네 좁쌀 같은 삶인 바에야.

높은 곳에 오르면 천하가 작다고 하더군요. 물은 가장 낮은 곳으로 흘러 커다란 바다를 이루었으나, 겸손하지 못하고 제 잘난 맛에 심취하여 있다가 와라락 추락하는 경우가 다반사 아닌지요. 사실 저는 그런 높고도 깊은 경지를 알지도 못하면서, 이런 이야기를 하고 있습니다.

동파 선생님.
그것이 사실인지요.

<적벽부>를 짓고 나서 친구에게 보여주었는데, 그 시편에 웅혼한 기상과 유장한 아취가 은은하였지요. 쓰는데 도대체 얼마나 걸렸냐고 묻자, 방금 이 자리에서 마치었다고 하셨지요. 그런데 선생님 앉아 있던 대자리가 불룩 솟아 있더라는 것입니다. 퇴고한 두루마리 뭉치인데, 족히 한 삼태기는 되었다는 말 말입니다.

무언가를 포착하면 마음속에서 확연히 깨달을 정도로 철저히 이해하고, 그런 다음 입과 손에서 능통하여 충분히 표현할 수 있어야 비로소 붓을 든다는 선생님 이야기를 들은 기억이 있습니다.

원래 천의무봉은 없는 셈이군요. 선생님은 신선처럼 글을 술술 잣는 줄 알았습니다. 결국 제재에 대한 철저한 탐구와 퇴고를 위한 부단한 반복 아닌지요.

동파 선생님.

당나라 왕유를 예리하게 보셨지요.

'시중유화 화중유시詩中有畵 畵中有詩.'(시 속에 그림이 있고, 그림 속에 시가 있다.)

음악에도 미술에도 심취한 왕유에 대한 적절한 찬사입니다. 글 가운데 그림이 있고, 그림 가운데 시가 있다는 평이한 듯 심오한 묘사가 진정 부럽군요.

그 이야기를 패러디하였다고 할까요. 이런 말이 심심찮게 보입니다.

'문중유화 화중유문文中有畵 畵中有文.'(문장 속에 그림이 있고, 그림 속에 문장이 있다.)

형상화가 어렵다는 뜻이겠지요. 글을 읽으면 그림이 확연히 떠올라야 하는데, 그 삼삼한 이미지는 언제나 저 멀리 있습니다.

동파 선생님.

박지원이라는 산문가가 있습니다.

수필가 윤오영은 한국에는 서예가로 추사 김정희, 화가로 단원 김홍도 그리고 문장가로 연암 박지원이 있다고 하였습니다. 그러니 박지원의 ≪열하일기≫는 최고의 명문이란 말이겠지요.

그런데, 당시 문체개혁에 목소리 높이던 정조가 이런 어명을 내렸답니다.

그대의 글은 천박한 저잣거리 잡문나부랭이 따위의 패사소품체稗史小品體이니, 어리석은 백성들이 그를 따를까 짐이 걱정되노라. 하여 앞으로는 순수하고 단정한 순정고문체醇正古文體로 글을 짓도록 하라.

저에게는 '패사소품체'니 '순정고문체'니 모두가 힘에 부칩니다. 생생히 살아있는 표현을 할라치면 패사소품체를 따라야 하였으나, 소심한 저는 그 분방함을 수용하지 못합니다. 게다가 엄정한 순정고문체도 언감생심입니다.

동파 선생님.

'천진난만은 나의 스승이다.(天眞爛漫是吾師.)'

스승님이 천진난만이라니요.

어느 시인이 '어린이는 어른의 아버지'라는 말을 했다지만, '천진난만'은 어린이 마음, 즉 '동심'이겠지요.

명나라의 이지李贄가 <동심설童心說>을 발표하였습니다.

무릇 동심이란 진심이다. 거짓을 버린 참된 최초의 뿌리 깊은 마음이다. 동심이 막히면 언어가 되어도 그 언어는 가슴속의 참된 말이 되지 못하고, 밖으로 드러나 실제의 일에 사용되어도 그 일은 근본이 없게 되며, 저술하여 글이 되어도 그 글은 통할 수 없게 된다. 그 까닭은 무엇인가. 동심이 막히면 밖으로부터 들어 온 지식과 도덕 그리고 그로 인한 선입관이 그 마음이 되기 때문이다.

맹자孟子는 '적자지심赤子之心'이라 하였지요.

사실 어른이 되어 순진무구나 천진난만을 자주 거론하면 주위 사람들이 수군거립니다. 나이브하다나요. 문학이니 수필이니 어쩌고 하고 다니면 눈총 받기 십상이지만, 이 세상에 벌거숭이 어린 아이의 마음이 없다면 어찌 살아가겠는지요.

동파 선생님.

저는 선생님 말씀 가운데 이 말이 가장 좋습니다.

"청풍과 명월은 주인이 없다."

선생님 말씀이 확실한지요. 그 출처를 잘 모르겠습니다.

맑고 밝은 마음을 가득 채워 무심한 경계가 되면, 청풍명월의 주인이 되는지요. 아는 만큼 보이고 비운 만큼 채워지는 것인지요. 이 세상에 시원한 바람이 불고 밝은 달이 둥실 뜨는 한 청풍과 명월은 만인의 소유겠지요. 그리고 이태백처럼 '달아 달아 높은 달아, 내가 놀던 달아.'하며 자기 것으로 소유하여야 되는 것 아닌지요. 만약 이태백이 없었더라면 저 하늘의 우윳빛 해맑은 달은 심심해서 어쩔 뻔 하였습니까. 그리고 보니 문학의 힘이 엄청나군요. 시인의 가슴에는 푸른 바람도 밝은 달도 차곡차곡 쟁여져 있으니까요.

동파 선생님.

서호西湖를 사랑하셨지요.

비 내리는 호수에서 술을 마신다 하셨지요.

술은 시를 건져 올리는 낚시 바늘이요, 근심을 쓸어내는 빗자루라 할 정도로 가까이 하셨지요. 권커니 잣거니 술잔을 부딪치며 스승 취옹 구양수와 흥겹게 이바구 하는 모습이 눈에 선하군요.

아무튼 서호는 한국에서도 인기 있는 명소입니다. 특히 명나라 장대의 눈 내리는 호심정湖心亭의 수필이 유명합니다. 맑은 호수는 비 내리는 호수에 미치지 못하고, 비 내리는 호수는 달빛 어린 호수에 미치지 못하고, 달빛 어린 호수는 눈 내리는 호수에 미치지 못한다는 그 순수의 공간에서 따끈하게 데운 한 잔 술은 시심의 견인차요, 서정의 감로수이겠지요.

동파 선생님.

처음 이 글을 쓸 때는 가슴 속에 쌓인 이런저런 생각을 편안하고 솔직하게 전하려 하였는데, 결국 이렇게 되었습니다. 쓰고 나서 마음이 후련하여야 되는데 허전하기만 하고, 이 글이 잘 되었을까 요모조모 알량한 됫박에다 도토리 키 재는 것처럼 톰방거리기 바쁩니다. 그러니 개성은커녕 진실하지도 못합니다.

요즈음 바람 부는 벌판에 불길처럼 수필이 번져나가고 있습니다. 그런데 무형식의 수필이 문학이니 아니니, 붓 가는 대로가 맞니 틀리니 논쟁이 끊이지 않습니다. 선생님께 편지를 쓰면서 어느 정도 정리되는 느낌입니다.

　글을 짓는 것은 행운유수 같아서 일정한 바탕이 없이 자유롭고 유연한 자태 그리고 마음속에서 확연히 깨달아 문학혼文學魂에 흠뻑 젖어야 비로소 붓을 든다는 말씀이 명쾌합니다.

　어설프게나마 선생님을 가깝게 뵈올 수 있어서 행복하였습니다.

　내내 편안하세요.

5. 마음을 쓸다

퇴고론

붓과 비.
붓질은 창작이고, 비질은 일상이다.
하얀 바탕에 까만 자취가 유연하면 머리가 맑아지고, 뿌연
마당에 말간 흔적이 선연하면 마음이 밝아진다. 마음을 쓸면
머리가 온화해지고, 머리가 편안하면 마음이 살진다. 일상의 비질로
마음을 다스리는 멋 나는 흔적, 창작의 붓질로 머리를 스치는
빛나는 자취.
마음이 붓을 따라가는 수필.
마음이 붓을 움직이는 운필.
-<마음을 쓸다>중에서

작품에 갈채를 보낸다

무엇을 가지고, 무엇을 버릴 것인가.

양손에 든 떡 같은 꽃놀이패 인생이야 모두의 바람이지만, 야속하게도 그런 삶은 그림의 떡이다. 그렇다고 이것저것 허섭스레기를 챙기다 보면 끝내 이도 저도 아닌 뒤범벅이 된다. 그래 얻는 유쾌함에는 고독한 버림이 있는 것이다.

우연한 기회에 돌연변이로 새로운 종류가 생기고, 새로운 종류들 가운데서 적자생존원칙에 의해 진화된 생물들이 존재하게 된다는 진화론자들의 짜임이 간결하면서도 냉정하다.

"Selection is selection."

선택은 도태이다.

자연계의 동식물은 인간의 간섭이 없어도 약한 자는 사라지고 강한 자는 살아남는다는 것이 도태설의 골간이며, 이것을 뒤집으면 바로 선택설이 된다는 것이다. 바로 선택과 도태는 존재할 것이냐 말 것이냐 하는 어쩌면 동전의 양면 같은 패러독스이다.

소재에는 경계가 없다. 그러나 시간과 공간 그리고 인간을 능수능란하게 한데 버무릴 수는 없다. 그것은 분명 범인의 역량은 아니다. 한층 고매한 주제를 부각시키기 위해 소재의 세계를 자신의 체형에 맞추어야 한다. 확실한 선택은 현명한 도태를 담보하기에 말이다. 그러다보면 우연한 기회에 푸르른 하늘을 보다 푸르게 드러내는 무지개 같은 주제가 허공을 아름답게 가르지 않을는지 말이다. 관대한 듯한 수필세계도 성장의 동력은 진화론이다. 창작의 성공은 다름 아닌 수필가 자신의 선택과 도태에서의 강렬한 불꽃이기 때문이다.

작품에 갈채를 보낸다.

1939년 ≪문장文章≫이 창간되고, 김동인이 첫 타자로 등장한다. 관중은 구름 떼처럼 운집하였지만, 그는 어이없는 땅볼아웃으로 물러난다. <신변잡감身邊雜感>이라는 제목에다가 소설의 인물과 줄거리 작법을 버무려 놓고서는, 말미를 "무슨 소리를 썼는지 알 수 없다. 방공연습의 '공습경보' 사이렌이 연하여 운다."며 맺는다. 범퇴로 물러나는 톱타자에게 관중석에서 갈채가 터져 나오지 않는다.

얼마 전, 일본의 에세이를 국내에 선보이기로 한 어느 출판사가 있었는데, 번역을 마치자마자 그 프로젝트는 무산되었다. 이유는 작품의 내용이 우리 정서에 맞지 않다는 것이었는데, 실상 정확한 이유는 그 정도의 수필은 한국에도 넘치고 넘친다는 결론이었다.

현대한국수필은 요원의 불길처럼 번져나가고 있다.

누가 뭐라 하여도 지금의 우리 수필은 양적인 팽창과 함께 질적인 풍요를 구가하고 있다. 창작의 성공을 위해 각축을 벌이는 문학광장에서 파한破閑을 위한 기웃거림은 점차 옹색하여지고, 작품으로 말하는 수필가의 진정한 존재에 환호하는 갈채가 따른다.

마음을 쓸다

김제 금산사 가는 길이었다.

산사 초입에 붓가게가 있었다. 호기심으로 두리번거리는데, 주인 할아버지가 나를 불러 세웠다. 대처에서는 이 값으로 어림없다며, 글씨는 큰 붓으로 써야 한다며 말씀이 하나같이 시원시원하였다.

귀가하여 먹을 듬뿍 묻혀 휘두르는데, 붓이 제멋대로 가다가 철퍼덕 주저앉으면 아무리 용을 써도 일으켜 세울 수가 없었다. 그 이유를 소상히 헤아려보니, 운필에는 전혀 문제가 없었다. 바로 감당할 수 없는 기다란 털이었다. 짧게 만들려고 칼날처럼 예리한 봉을 가위로 싹뚝질하였다.

자줏빛 토끼털 붓 이야기가 있다.

중국 강남 어느 산골짜기에 토끼가 사는데, 푸른 대를 먹고 찬

샘물을 마시다가 늙으면 털이 자줏빛으로 변한다. 천 만 털 가운데 한 터럭만 고르고 골라, 상아대롱에다가 붓을 맨다. 이것이 자호필紫毫筆이다. 뾰족하기가 송곳 같고 날카롭기가 칼 같다.

마음이 붓을 움직인다.

붓을 들면 만호제력萬毫齊力의 기운을 펼쳐야 된다고 한다.

수많은 터럭이 제각각 가지런히 힘을 다한다 함은, 모래 위에 송곳으로 획을 긋는 것과 같아 종이 뒤까지 필력이 배어드는 경지에 이름이다.

맑은 가락 튕겨내는 고운 먹을 어린 살결처럼 부드러운 벼루에 갈아 자광紫光 깊은 먹물 촉촉이 스며드는 선지 위에 기울이면, 굽은 듯 곱고 느린 듯 빠른 필선이 사르르르 춤사위를 드러낸다.

백낙천은 <자호필>이라는 노랫말을 남겼고, 소동파는 그 붓을 얻고서 백가지 중에 으뜸이라며 기쁨을 토했다. 천 만 권의 사상과 천 만 인의 정감이 천 만 호의 터럭 세세한 실핏줄을 타고 흘러내린다. 필봉에서 혼이 불탄다.

비질을 좋아하였다.

앞마당 소담스런 댑싸리, 다 자란 그 놈들을 베어 두어 개를 겹쳐 비를 맨다. 댑싸리빗자루로 아침 일찍 앞마당을 싸악싹 쓸다가 동네 어르신 지나가면 잠시 멈추고 꾸벅 절을 한다. 마당 이쪽에서 저쪽으로 저쪽부터 이쪽까지 굽이굽이 빗자국이 뽀얀 귀얄무늬처럼 말갛다. 눈이 내리면 땀이 배도록 부지런히 쓸어댔다. 붉은 황토가 듬성듬성 하얀 눈에 섞여 밀려 나갔다. 탄력적인 빗자국이다. 깨끗해진 앞마당을 휘휘 둘러보면 괜스레 설렜다.

뿌리 깊은 나무의 힘차게 뻗어나간 가지 하늘을 덮고 수많은 나뭇잎이 그늘을 내린다.

정자나무의 넓은 품이 풍광 좋은 누각처럼 편안하다. 햇살이 뜨거우면 일산을 받쳐 놓은 듯 비가 내리면 우산을 펼쳐 놓은 듯 날렵하다. 대궐 겹처마 팔작지붕처럼 하늘로 날아갈 듯 자욱한 안개비처럼 대지를 감쌀 듯 은근하다. 바람이 불면 부는 대로 비가 내리면 내리는 대로 차분하다. 혹 거센 바람이 몰아치면 그 소담스런 머리채를 어떻게 휘두르는지 한번 보고 싶다.

붓과 비.

붓질은 창작이고, 비질은 일상이다.

하얀 바탕에 까만 자취가 유연하면 머리가 맑아지고, 뿌연 마당에 말간 흔적이 선연하면 마음이 밝아진다. 마음을 쓸면 머리가 온화해지고, 머리가 편안하면 마음이 살진다. 일상의 비질로 마음을 다스리는 멋 나는 흔적, 창작의 붓질로 머리를 스치는 빛나는 자취.

마음이 붓을 따라가는 수필.

마음이 붓을 움직이는 운필.

다스러진 몽당붓을 천 개 무져 놓은 다음에야 비로소 터럭 한 올 한 올까지 혼심을 전하는 운필, 천 만 권의 사상과 천 만 인의 감정이 비질을 거쳐 실핏줄 같은 붓끝에서 마음으로 피어나는 수필, 골법용필骨法用筆의 핏줄을 나눈 동기이다.

필방에서 ≪회소초서천자문懷素草書千字文≫을 구했다.

어려서 스님이 되었던 회소는 초서를 즐겨 썼다. 글씨를 쓸 때면 술을 마시고 크게 취하여 괴성을 지르며 붓자루를 마구 휘둘렀다. 광초狂草였다.

그런 그가 죽음을 앞두고 마음을 쓸면서 지은 천자문에는 미친 듯한 패기와 험한 분방이 사라졌다.

은근한 힘이 넘쳤고, 차분한 필선이 깊고, 조용한 품격이 높고, 공간을 그려내는 하얀 여백에는 그윽한 온기가 가득하였다. 한 자 한 자 황금처럼 반짝거려 ≪천금첩千金帖≫이라 하였다.

아직도 캄캄한 밤.

빗자루 같은 혜성이 캄캄한 우주를 휩쓸며 가로지른다.

긴 별똥별이 허공에서 날카로운 칼끝 되어 아스라이 흩뿌려진다.

불을 밝혀놓고 글씨가 그림 같은 금덩어리 하나하나를 쓰다듬는다. 하얀 여백, 차분한 감칠맛, 침착하면서도 힘찬 품격은 바로 산문의 요체이다. 그런 글씨를 잣고 싶다. 그런 수필을 잣고 싶다. 자다가도 일어나 천금의 타래를 더듬는다.

현수막

거리를 지나치다 현수막을 본다.

언제 어디에서 일어난 자동차 사고를 혹시 목격하였으면 어느 경찰서 누구에게 연락 바란다는 내용이다. 과학수사를 자부하는 지금에야 그럴리 없겠지만, 만에 하나 엉뚱한 목격자가 나타나 졸지에 피해자가 가해자로 바뀌는 불상사가 일어난다면 어떻게 될까라는 걱정도 해본다.

한 장소에서 똑같은 사건을 지켜본 사람들에게 그 내용을 물어보면, 이구동성으로 같은 이야기가 나오리라 예상할 수는 없다는 연구결과가 있었다. 감각능력도 인식정도도 다른 사람들은 마치 눈 감고 코끼리 더듬듯 다양한 견해를 내놓는다고 한다. 세상사도 그런 것 아닌가. 십인십색이요 백인백색일진대.

시력이 좋다고 시야가 넓은 것은 아니다.

우리는 소재를 바라보는데, 시쳇말로 나만의 제재로 낚이게 된다. 있는 것을 보는 것은 너무나 당연한 말이지만, 없는 것을 보는 것도 정말로 우연은 아니다. 보이는 것은 보이지 않는 것에 닿아 있다는 말도 있다. 또 주야장천 그럴 수야 있겠느냐만, 그래도 통해야 할 때 통하기 위해서는 천태만상을 눈으로 보고, 귀로 보고, 입으로 보고, 코로 보고, 살갗으로 보아야 하고, 보고 또 보아야 한다.

연암 박지원은 이른 새벽 동해를 지나치다가 파도 위에 집채같이 늘어서있는 군상을 본다. 그 놈들이 짐승인지 괴물인지 몰라 해가 돋기를 기다렸는데, 해가 돋으려 하자 그들은 바다 속으로 사라져버린다. 오랜 시간이 흘러도 바닷가의 그 충격적인 목도가 그에게서 사라지지 않는다. 그래서 그는 늘 가슴속에다가 커다란 현수막을 부착하고 다닌다. 혹시 그 놈들이 나타나면, 자신에게 급히 알려달라고 말이다. 열하의 땅에서 코끼리를 만나서도 그는 퍼뜩 동해를 떠올린다. 그러면서 코끼리를 보면서 그 이치를 알 수 없는데, 하물며 코끼리보다 만 배나 더한 천하의 사물은 말하여 무엇하랴 한탄하며, ≪주역≫을 즐겨 읽었던 공자의 위편삼절 韋編三絶 내공을 칭송한다.

　작금 수필 경향이 다채로워지고는 있으나, 한편에서는 본질의 일탈을 꾀하지는 않으면서 외양만을 가다듬는 소모적 동선을 지향하고 있다. 수필이면 수필인 것이지 '문학수필'이라는 말이 있는가 하면, '무슨 수필'이니 '뭔 에세이'니 하는 엉뚱한 관형어들이 각축을 벌인다. 어디를 둘러보아도 '문학소설'이니 '문학시'라는 용어는 없다. 그럴 시간이 있다면 차라리 연암의 ≪열하일기≫를 모방하여서 새로운 얼굴을 도모하는 것이 오히려 유익하지 않을까. 그러다가 혹시 드넓은 초원 한 가운데 하얀 상아를 번쩍이며 괴성을 질러대고, 아프리카를 닮은 귀를 깃발처럼 펄럭이며 순수한 해원을 향해 떠나가는 무수한 군상들을 볼 수 있는 천재일우의 기회를 만나지 않을까.

창

서예가 심은沁隱 전정우全正雨.

2000년 강화 강후초등학교가 폐교되자, 1회 졸업생인 그는 그곳을 심은미술관으로 꾸며 작업실 겸 전시실로 만든다.

어느 날, 그곳을 찾는다.

운동장을 가로질러 계단을 올라 잘 가꿔진 꽃밭을 지나니 미술관이다.

삐걱거리는 마루바닥 소리가 정겹다. 아무도 없는 조용한 전시실에서 작품을 보고 있는데, 선생은 차나 한 잔 하자고 한다.

그의 작업실로 간다. 간단한 인사가 끝나자, 커피를 타 내게 권하고는 글씨를 쓴다. 긴 붓으로 한지 반의 반절지의 큰 글씨이다. 붓끝을 가지런히 추스르지도 않고, 장봉이든 노봉이든 구애되지 않는다. 그림 같다.

누가 옆에 있으면 방해 안 되냐고 조심스레 묻자, 웃으면서 그렇지 않다고 한다. 한 자를 쓰고서는 창문 밖을 내다보고 다시 한 자를 쓰고서는 또 밖을 내다본다. 순간순간 구상을 하는지, 그러면서도 여유롭게 내게 말을 건넨다.

"개나리가 예쁘게 피었어요."

꽃밭에서는 온갖 꽃들이 다투어 피고, 작업실에서는 글자 한 획 한 획이 꽃봉오리처럼 벌어진다.

"중국 한자에는 둥근 원형이 없습니까?"

"왜, 없어요."

그러면서 '입 구口' 자를 써야 할 데, 시원스레 동그라미를 한다.

"이렇게 똥글뱅이하면 되지."

태없는 웃음꽃이 터진다.

그는 천자문 120체를 썼다.

김정희 추사체를 연구하여 새로운 필적으로 쓰고, 갑골문과 광개토대왕비문 그리고 목간 백서 등 각종 특이한 서체로 써서 여러 종류의 천자문을 탄생시킨다. 수백 종의 천자문이 그에 의해서 꽃 피운 것이다.

한국의 한석봉은 2체, 중국의 구양순은 3체, 조맹부는 6체, 문징명은 4체 그리고 천하명필 왕희지의 손자인 승려 지영智永은 할아버지의 초서와 해서를 병서한 ≪진초천자문眞草千字文≫을 남겼을 뿐이다.

그는 수십 년에 걸쳐 놀라운 작업을 하고서, 이런 이야기를 한다.

"나는 죽었다."

새로운 그가 태어난 것이다.

천자문 120체는 실험의 연속이다.

죽어라 한 것이다.

그의 머릿속에는 천자문이 훨훨 날아다닐 것이다.

그 험절의 시험을 마쳤으니, 이제 그 누구의 체도 아닌 바로 심은의 천자문이 나올 차례이다.

'심은沁隱.'

항몽抗蒙의 수도 심도沁都가 바로 강화이니, 그는 천생 강화를 사랑하여 강화에 사는 사람이다.

눈치도 없이 오래 있다가 나오는데, 샛노란 개나리가 눈부시다.

다음 날 아침, 어제 즐거웠고 결례하였다고 문자메시지를 보내자, 답장이 왔다.

"아닙니다… 전 늘 그렇게 사는데 이해해 주셔서 감사했습니다 — 심은 배"

몽골 초원의 유목민들은 남들이 지나간 길은 절대 안 간다고 한다.

기를 쓰고 달려봐야 풀이 없으니까, 다른 길을 찾아야 한다. 그래서 몽골에는 보통 차선이 600개라고 한다.

21세기를 새로운 유목사회라고 한다. 인터넷을 열면 세상 모든 일이 환하게 잡힐 것 같지만, 이미 남들이 훑고 지나 간 길일뿐이다. 진정한 디지털 노마드라면, 모니터 창 그 너머의 다른 길을 찾는데 골몰하여야 한다.

지난겨울은 몹시 추웠다.

그 추위에 모두 얼어 죽은 줄로만 알았는데, 봄이 되니 꽃이 만발하였다. 꽃은 필 때가 되면 누가 있거나 말거나 스스로 피는 것이다. 우격다짐으로 되는 것은 없다.

세월의 차가움을 견디었기에 그러하였다. 이겨내지 못하면 스러져 간다.

삼천리금수강산에 예쁜 꽃을 찾은 상춘객들로 붐빈다. 그리고 그 꽃이 피기까지의 고된 시련을 새기고, 그 화려한 개화를 기린다.

창 너머 개나리가 마냥 가슴에 스며든다.

수필문학 방황기

수필은 삶의 투영이며, 그것의 문학적 통찰이어야 한다.

누구는 "세상의 강을 건너는 그대 자신의 배를 빈배로 만들라." 하였고, 누구는 "나는 이 세상에서 인간의 한 사람이라기보다는 하나의 방관자로 존재한다."고 하였다. 수수방관의 나태한 체념이 아닌 달관에 이른 빈배의 허허함 그리고 지성과 감성은 대부분의 교양인이 너나없이 주장하는 정신적 자부심이건만, 생활에 대한 높은 견식의 태도로 고백하는 내성內省의 확보가 손짓만으로 다가서는 먼 산은 아니기에, 차분한 일생에의 외경이 작가의 표상일 것이다. 수필가들이 이를 간과할 경우 속물이니 아마추어적 발상이라는 비판에서 자유로울 수 없다.

특히 수필은 달관의 철학이 상상의 문학에 은근히 접맥되는 까다롭고 정교한 장르이다.

무릇 인생자체가 애매함이며, 생로병사의 얼개를 우리는 훌쩍 벗어나지 못한다. 누구라도 피할 수 없는 막다른 골목에서 사랑과 믿음 그리고 상상력의 절대의식을 성취하게 되며, 상상력의 실존적 의의는 예술적 직관과 관련된다고 하였다. 살아가는 것에 대하여는 자신 있게 이야기하지 못하고, 오직 한 가지, 죽음에 대해서만 확신할 수 있는 우리의 실존은 구도자 같은 심상心象의 추구에서 선명해질 것이다. 때문에 달관의 철학이 배어 있는 주제에다가 한계적 상황을 극복하는 상상을 아름답게 형상화한다면 수필이 수필로서 존재하는 이유가 될 것이다.

글로 사람의 마음을 움직인다는 것은 쉬운 일이 아니다.

더구나 지금은 디지털 세상이다. 남들도 다 알고 있는데 혼자만의 세계인양, 정을 펼친다면서 과거로 달려가 주관도 달관도 없는 방관자적인 다정多情을 호소하는 것은 득보다는 실을 취하는 소모적인 행위이다.

난蘭이나 매梅를 대상으로 하여 글을 쓸 때 그 소재의 힘 때문에 그 글은 어느 정도 기품을 유지할 수 있다. 사람 중엔, 이런 것을 소재로 하여 글을 써 놓고는 마치 자기의 글재주인 양 착각하는 꼴을 가끔 목도 할 수 있거니와 이런 사정은 수목에 관해서도 거의 같다는 어느 평자의 수필에 대한 시리고 시린 충고를 그저 인신공격 정도로만 받아들인다면 관중 없는 운동경기처럼 독자와의 틈은 더욱 벌어진다.

　문학의 보편적 진리란 없고 작가의 특권이나 권위도 인정하지 않으며 독자들과 더불어 공동창작에 임해야 한다는 포스트모더니즘을 반영하자면, 에세이의 본령이 색다른 시도를 추구하기에 그곳에는 정해진 길이 없고, 작가의 지위나 경력이 작품에서는 오히려 부담이 될 수도 있고, 오랜 시간 독자와의 밀접한 관계를 유지하여 온 수필의 미래는 투명하면서도 탄력적이다.

　수필의 태생지는 저자가 드러나든 숨어있든 한계적 자전적 문학이다. 자신의 이야기를 고백하는데 객관적으로 치밀하게 묘사하는 문체에다가 사실주의를 답습해야 하는, 몇 세기에 걸쳐 반복된 좋게 말하면 친숙하고 나쁘게 말하면 뻔한 문학이다. 그런데 수필가들이 고전적인 답습에도 못 미치고, 온라인 정보시대에 아날로그 체계에만 안주한다면 역행의 소외된 존재로 남을 것이다.

　달관의 철학과 상상의 문학인 수필은 지금도 방황하고 있다.

새긴다

책 홍수시대이다.

나도 여러 권 출간하였다.

책장 한 구석에서 쓸쓸하다.

어떤 평론가는 책상 위에 무수히 쌓이는 수필집이 자신의 소중한 시간을 방해한다고 하고, 어느 수필가는 편지함에 꽂혀 있는 작품집을 꺼내서는 뜯어보지도 않고 엘리베이터 타기 전에 경비원 아저씨에게 드린다고 한다.

아무리 그렇기로서니, 남의 가슴을 아프게 후벼 판다.

그나저나 문제는 문제다. 이제는 너무 멀리 왔으나, 다시 처음으로 돌아간다면 지지부진했던 내 수필이 홍수가 휩쓸고 간 것처럼 말끔히 정리되려나. 그래도 한두 권은 챙겨야 하지 않겠는지. 누구는 처녀작이 대표작으로 남아 찬란한 문학사에서 두고두고

회자되는데, 9할을 걷어내어도 그 이야기가 그 이야기다.

문신 유행시대이다.

어린 시절, 동네 아저씨가 굵은 팔뚝에다가 '일심一心' 또는 '해골' 심지어는 '장미'를 새파랗게 새긴 것을 보고 신기했었는데, 이제는 고운 처녀들도 속옷 입듯이 가슴이나 등이나 허벅지에다 이런저런 무늬를 아로새긴다. 예민한 피부에 날카로운 바늘로 생채기를 내고서 화려한 물감을 들인다. 그 모습은 세월이 지나면서 더욱 다양하다.

세상은 권태의 도가니다.

유행流行은 머무르지 않고 흐르고 흘러 다닌다. 어제는 반짝하던 것이 오늘은 감감하다. 이런 세태에서, 신체 구석구석에다가 쉽사리 지워버리지도 못하는 글귀나 무늬를 새기는 결심이 당차다. 그러다가 글귀나 문양이 구차스러워지면 지워버리고 새롭게 바꾸려나. 지금은 문신 지우는 것이 쉬워졌다고는 한다. 그러나 햇살에 드러나는 것도 거리끼던 아가씨의 보들보들한 살결이 뾰족한 침에 온전할까.

그 아저씨의 문신은 어떻게 되었을까.

아직도 파랄까. 팽팽하던 근육에서 선명하게 빛나던 그림이 노화된 피부 따라 쭈글쭈글 구겨졌을까. 보기 민망하다고 지워버린 흉터자국만 남았을까.

어떻게 하면 내 글을 몸에 새겨 넣을 정도로 간절할 수 있는지, 어떻게 하면 내 이야기를 평생 동안 내 몸처럼 아낄 수 있는지. 요즈음 젊은이들 사이에서 번져가는 문신文身을 떠올리며 이 생각 저 생각을 해본다.

타인의 관점

　자신의 작품을 타인의 관점으로 보아야 한다.

　결과물을 철저한 타인의 시각으로 분석하지 못하면, 작품은 물론 작가라는 이름도 잃게 되기 쉽다. 천재일우의 영감을 얻어 하나의 초고를 얻으면, 다시 시작한다는 각오로 문장을 가다듬고 다소 분방하기까지 하였던 감정의 열기를 차분히 가라앉혀야 한다.

　작가의 잉크는 순교자의 피보다 신성하다고 하였다.

　시인의 정신은 위대하지만, 그 위대함은 뼈를 깎는 아픔과 부단한 자신의 성찰로 채워져야 한다. 글 쓰는 사람은 글로 말한다. 그 글이 말하지 못하면 그는 죽은 것이나 마찬가지이다. 말하는 글에 불순물이 있어서는 곤란하다. 그 티끌을 거르기 위해서는 순수하고 단순한 용광로 같은 허물 벗는 기능을 갖추어야 한다.

만약 누가 나에게 전 생애를 처음부터 끝까지 다시 한번 재연하라고 한다면 나는 기꺼이 응하겠다. 다만 한 가지 허락 받고 싶은 것은 자기의 저서가 재판된 때에 초판 미스프린트를 교정할 수 있는 자유를 가지듯 그런 교정의 자유를 가질 수 있다면….

일필휘지가 천마행공의 자취로 남는다면 더할 나위 없는 문학적 달란트를 지닌 행복한 문필가겠지만, 시선이라 추앙받던 이태백은 쇠절구공이를 갈아서 바늘을 만든다는 말을 기꺼이 스승으로 삼았고, 언어의 마술사라는 정지용은 "옥에 티나 미인의 이마에 사마귀 하나야 버리기 아까운 점도 있겠으나 서정시에 말 한 개 밉게 놓이는 것은 용서할 수 없다."며 시어 연마를 강조하였다.

鳥宿池邊樹, 僧敲月下門.
(새들은 연못가 나무에 잠들고, 스님은 교교한 달밤에 문을 두드린다.)

가도賈島가 깊은 밤 산사의 문을 밀것인지 두드릴 것인지 고민하다가, 당대 최고의 문장가 한유韓愈를 만나 퇴推를 고敲로 바꾸면서 퇴고推敲라는 말이 생겨났.
퇴고의 본체는 시간이다.

시간은 모든 것을 말해 준다. 때문에 퇴고의 과정은 아무리 지나쳐도 흠이 아니다. 작품이 활자화되고 난 뒤에 무릎 칠 일은 아니다. 성공한 저술가요 물리학자였던 프랭클린은 자신의 삶을 교정 작업에 비유하였다. 그도 타인의 관점에서 지나온 길을 되돌아보는 반성의 기회를 갈구하였다.

뗏목으로 강을 건너면 버리는 것이 당연한 이치이다. 기발한 착상과 긴밀한 구성으로 초고가 마무리되면 반드시 냉정한 시간을 가져야 한다. 그것은 버리는 것이다. 잠시 아니 오랫동안 방치하였다가 다시 살펴보면 문제는 보다 뚜렷해져 있다. 짧으면 희미하게 길면 선명하게 나타나는 것이니, 시간을 물 쓰듯 해야 하는 것이 퇴고의 기본이다.

더하기를 잘하는 사람은 빼기에도 능숙하다.

자연은 증감에 있어 유연하기에 자연이다. 자연의 결함은 아름답기까지 하다. 여기에 이르면 최고의 경지지만, 모든 것은 그곳을 향해 가는 것이다. 서술은 더하기, 퇴고는 빼기의 과정이다. 더하는 것이 작가의 시각이라면 빼기는 타인의 관점인 것이다.

냉정한 작가만이 언제나 완벽을 추구한다.

타인의 관점에서 옥의 티는 확연하다.

나그네는 막 떠나려 하는데

"글은 뜻을 전하면 된다."

이 이야기를 처음 대할 때, 허전하였다.

어떻게 민숭민숭 알맹이만 전해준다는 것인지, 이왕이면 다홍치마라고 알록달록 꾸미면 모양새도 더 나지 않을까 싶었다. 그런데 그렇게 속을 온전히 드러내지 못하고서 그저 겉으로 치장질만 하다가 보니, '내가 지금 무슨 말을 하고 있지.'라는 상념에 빠지곤 하였다.

퍼뜩 시심을 떠올려 써내려가건만, 처음 그 느낌 그대로 옮겨 놓을 수 있을까. 자잘한 제재 속에서 흐리멍텅한 주제로 문맥이 가물가물하거나, 그것을 전하려다가 저것을 드러내놓고는 스스로도 갸우뚱한다. 속은 없고 겉만 있다. 진정한 문학이 신산한 삶의 반영이라면, 이 어록은 문학이나 삶에서나 금과옥조이다.

생활 속 범상한 이야기를 쓰건만, 말하고 싶었으나 분명히 말하지 못한 마음속 정회를 그린다. 바로 이것이 수필 아닌가. '신변身邊'이니 '노변爐邊'이니 '창변窓邊'이니 '도변道邊'이니 겉에서만 우물쭈물 맴돌다가 이 동네 저 동네에서 주변문학周邊文學으로 매도당하고 있었는지는 몰라도, 주변의 심상을 가슴속 아득한 심상으로 쟁였다가 분명하게 전한다면 누구도 수필을 하찮게 대하지는 못할 것이다.

당나라 시인 장적張籍의 <추사秋思>가 이채롭다.

洛陽城裏見秋風　　타향 낙양성에 가을바람 불어
欲作家書意萬重　　고향에 소식 전하려하니 이 생각 저 생각.
復恐悤悤說不盡　　총총 쓰다 보니 할 말이 빠지지 않았는가
行人臨發又開封　　나그네는 마악 떠나려 하는데 다시 편지를 살펴보네.

이 <가을 생각>이라는 편지를 읽은 송나라 왕안석王安石은 그에게 뜨거운 마음을 전한다.

"보기에는 범상한 것 같으나 기발하게 특출하고, 쉽게 이루어진 것 같으나 힘들게 어려움을 거쳤다."

만 가지 생각 속에서 군더더기는 잘라버리고 할 말만 하고, 언제라도 다시 보고 또 보고 다듬고 또 다듬는 어려움을 거쳐야만 뜻은 전달된다. 시인의 그런 신간辛艱이 행간에 숨어있어야, 글 뜻은 드러나면서도 은은하고 스며들면서도 분분하다.

공자의 '글은 뜻을 전하면 된다.(辭 達而已矣)'와 '총총 쓰다 보니 할 말이 빠지지 않았는가.(復恐忽忽說不盡)'에는 오랜 새김의 번민이 독하다.

공부자도 장적도 왕안석도 나그네도 마악 떠나려 하는데 복잡한 심사를 가눌 길 없다네.

부록

한국수필의 발자취

1

한국 수필문학은 동양 수필과 서양 에세이의 만남이다.
중국의 소품문 그리고 서구에서 직접 아니면 일본을 거쳐 들어온 에세이는 우리의 수필과 동화되면서 하나의 장르로 자리를 잡았다. 이런 수필문학사가 자의적이든 타의적이든, 미래문학인 수필의 과거와 현재를 더듬어본다.

한국 수필은 중국의 영향을 받아 고대 한문수필로 시작되었고, 훈민정음 창제를 계기로 국한문수필의 맥을 이어 오다가, 서양 에세이를 수용한 일본 수필이 들어와 현대수필로 자리 잡는 과정이지만, 언문일치의 갑오경장甲午更張을 분수령으로 크게 고대수필과 현대수필로, 고대수필을 다시 한문수필과 국문수필로 나눈다. 그리고 1930년대를 근대수필, 그 기반에서 성장한 1950년대 이후를 현대수필로 가르기도 하는데, 여기서는 근대와 현대를 구분하지 않았다.

한문수필로 신라시대 혜초慧超의 ≪왕오천축국전往五天竺國傳≫, 최치원崔致遠의 ≪계원필경桂苑筆耕≫ 등 기행수필이 첫 주자이며, 고려시대 이인로李仁老의 ≪파한집破閑集≫, 이규보李奎報의 ≪동국이상국집東國李相國集≫, 최자崔滋의 ≪보한집補閑集≫, 이제현李齊賢의 ≪역옹패설櫟翁稗說≫ 등 시화詩話 중심의 직접 듣고 본 패관문학稗官文學의 성격이 강하고, 조선시대 서거정徐居正의 ≪필원잡기筆苑雜記≫, 강희맹姜希孟의 ≪촌담해이村談解頤≫, 성현成俔의 ≪용재총화慵齋叢話≫, 김정金淨의 ≪제주풍토록濟州風土錄≫, 유성룡柳成龍의 ≪징비록懲毖錄≫, 유형원柳馨遠의 ≪반계수록磻溪遂錄≫, 김만중金萬重의 ≪서포만필西浦漫筆≫, 이익李瀷의 ≪성호사설星湖僿說≫ 그리고 연암燕岩의 ≪열하일기熱河日記≫가 우뚝하고, 편자나 연대가 미상인 ≪대동야승大東野乘≫과 ≪비림稗林≫이 눈길을 끈다.

특히 윤흔尹昕의 ≪도재수필陶齋隨筆≫, 이민구李敏求의 ≪독사수필讀史隨筆≫, 조성건趙性乾의 ≪한거수필閑居隨筆≫ 그리고 안정복安鼎福의 ≪상헌수필橡軒隨筆≫에서 수필이란 용어가 출현하지만, 박지원朴趾源의 <일신수필馹迅隨筆>에서 수필의 존재를 확인시켰으며, 근대 송상도宋相燾의 ≪기려수필騎驢隨筆≫이 있다.

그리고 수필은 감상感想·단상斷想·만록漫錄·만필漫筆·상화想華·수상隨想·설총說叢·쇄담鎖談·야록野錄·야화夜話·잡기雜記·잡지雜志·잡편雜編·잡필雜筆·지림志林·필기筆記·필담筆談·총담叢談 등 다양하게 이름이 붙여진다.

국한문수필은 궁중수필·기행수필·가전체수필로 나누며, 연대별로 ≪훈민정음訓民正音≫, ≪석보상절釋譜詳節≫, ≪월인천강지곡月印千江之曲≫과 유몽인柳夢寅의 ≪어우야담於于野談≫, 궁인의 ≪계축일기癸丑日記≫와 ≪산성일기山城日記≫, 박두세朴斗世의 ≪요로원야화기要路院夜話記≫, 유씨부인俞氏夫人의 ≪조침문弔針文≫, 의령남씨宜寧南氏의 ≪관북유람일기關北遊覽日記≫, 의유당김씨意幽堂金氏의 ≪동명일기東溟日記≫, 서유문徐有聞의 ≪무오연행록戊午燕行錄≫, 박창수朴昌壽의 ≪남정일기南征日記≫, 혜경궁홍씨惠慶宮洪氏의 ≪한중록恨中錄≫ 그리고 가전체假傳體 국문수필인 ≪규중칠우쟁론기閨

中七友爭論記≫ 등을 들 수 있다.

정음창제正音創製 이래 문장에 눈을 뜬 여류들이 고운 구어체를 구사하며 생활일기를 문장으로 지어 수필의 싹을 틔우고, 나아가 폭넓은 독자층을 이루어 수필의 꽃을 피웠다. 훈민정음의 실용과 평민문학의 대두로 이른바 내간체가 전용되어 여류문학이 뿌리를 내리고, 거기에서 비로소 수필문학이 제자리를 차지하였다는 견해에는 시사하는 바가 적지 않다.

현대수필은 일찍 개화에 눈을 뜬 유길준俞吉濬의 ≪서유견문西遊見聞≫이 서막을 열고, 염상섭廉想涉의 <저수하樗樹下>가 ≪폐허廢墟≫에 수필이라는 이름으로 발표되고, ≪영대靈臺≫에서 수필이라는 명칭이 본격적으로 쓰이기 시작하였다. 특히 최남선崔南善의 글들이 ≪샛별≫과 ≪청춘靑春≫에 실렸고, 현대 기행수필의 기틀을 마련한 ≪심춘순례尋春巡禮≫와 ≪백두산근참기白頭山覲參記≫가 커다란 족적을 남겼고, ≪조선문단朝鮮文壇≫에서 <의기론意氣論>으로 에세이라는 말을 처음 사용한 이광수李光洙의 ≪금강산유기金剛山遊記≫가 질주하였고, 현동염玄東炎, 김기림金起林, 김광섭金光燮 그리고 임화林和 등의 수필론이 분분하였고, 이양하李敭河와 김진섭金晉燮의 활약이 있었다.

김윤식은 <한국근대수필고韓國近代隨筆攷>에서, 1931년 소위 동북사변東北事變으로 일제식민日帝植民정책이 크게 경화된다고 밝힌다.

"신간회新幹會 해체, KAPF의 탄압, 치안유지법 강화, 파시즘 대두에 의한 지식인의 불안사조不安思潮 등등은 문학에서 어떤 이데올로기적인 것을 허용치 않았다. 정치적 터부가 경직화되면 순수문학, 역사물(고전탐구), 토속적인 것, 외국문학 등으로 기울게 된다. 1933년 순문학 단체 구인회九人會가 등장된 것은 결코 우연일 수 없다. 이에는 저널리즘의 오락화 또한 작용되었다. ≪신동아新東亞≫·≪조광朝光≫여성지 및 신문 학예면學藝面의 중간독물화中間讀物化가 이 무렵에 형성된다. 이러한 사태에 대면한 문단은 먼저 '비평 SOS'의 현상을 빚는다. 20년대 비평은 KAPF 쪽이든 민족주의 쪽이든 창작방법론創作方法論으로서의 지도적 입장에 섰으나 30년대에 접어들자 그 지도력을 상실한 것이다. 비평이 인상적印象的 감각적鑑覺的 차원으로 기울어 권위가 없어지고, 오히려 작가들이 기교적인 측면의 작가론을 쓰게 된다. 비평계의 이러한 현상을 두고 김기림金起林은 딜렛탕티즘이라 불렀다. 동시에 그는 수필화에 대한 관심을 표명, 그 영역확대를 주장하고 있다. 이로 인한 수필문학의 문단적 관심이 높아져 수필론들이 여러 편 쓰여 졌다.

현동염玄東炎의 <수필문학隨筆文學에 관關한 각서覺書>(<조선일보> 1933년10월), 한세광韓世光의 <수필문학론隨筆文學論>(<중앙일보> 1934년7월), 김광섭金珖燮의 <수필문학소고隨筆文學小考>(<문학> 1935년, 임화林和의 <수필론隨筆論>(1938년), 김진섭의 <수필隨筆의 문학적文學的 영역領域>(1939년) 등이다."

그의 말대로, 근대수필에서의 가장 큰 특징이라면 바로 일본과의 교류 또는 영향이라 하지 않을 수 없다. 왜곡된 시대의 흐름이었으나, 그 질곡의 반영 또한 너무나 뚜렷하였다. 현대수필을 이끈 대부분의 작가가 일본과 연결되어 있다. 특히 이광수는 일본 3대 고전수필의 하나인 <방장기方丈記>를 답습한 <죽장기竹丈記>를 1935년 조선일보에 게재하였고, 우리나라 신문학 여명기에 새 문체 새 감각으로 선보였다는 평가를 수필계에선 하나의 유산으로 받아들이고, 윤오영은 일제시대에 우리 어문의 소양도 없이 일본 가서 서양어를 공부하고 돌아온 지식인들이 난삽지리한 문장으로 수필계를 훼손시켰다고 일침을 놓는다.

그렇다면, 그 무렵의 수필 위상을 현동염부터 김팔봉을 통해 살펴본다.

현동염玄東炎의 <수필문학에 관한 각서 1933>에는 저널리스트들이 잡지나 팔아먹으려고 계절에 따라 연중행사로 써 내려온 수필은 마치 김 안 맨 전원의 잡초모양으로 자라왔으며, 과거에 흔히들 써 내려온 수필은 소부르주아 인텔리 문인들의 생활감정을 되풀이하며 눈물을 짜내는 추억담과 신변잡화에 불과하다고 뭉뚱그렸다.

김기림金起林은 <수필을 위하여 1933>에서 일부 소설가들이 수필을 천박한 저널리즘의 부산물이라 매도하건만, 개성적인 스타일이 가장 명료하게 나타나는 수필이야말로 소설 뒤에 올 시대의 총아가 될 문학적 형식이라 내다보았다.

김광섭金珖燮은 <수필문학소고 1933>에서 수필은 강렬하게 짜내는 심경적이라기보다 자연히 유로되는 심경적인 점에 특징이 있으며, 수필은 시에 가깝지만 그러나 시 그것은 아니며 시와 산문의 조화에서 성숙되는 수필을 강조하였고, 무의식적 소성素性에서 피는 꽃 같은 미소인 유머와 지혜와 총명의 샘 같은 위트를 간과하지 않았다.

한흑구韓世光는 <수필문학론 1934>에서 수필은 일정한 형식이 없으며 독자에게 가장 친절하게 마음에서 마음으로heart to heart의 태도로, 서로 대화하듯이 솔직하게 또한 성실하게 씌어져야 할 것이라며, 영문학의 담론들을 평면적으로 열거하였다.

임화林和는 <수필론 1938>에서 수필은 장르로서의 문학으로 확립될 수 없으며, 가장 비시적非詩的인 가장 산문적인 예술로 규정하면서 사소한 일상사를 통하여 심원한 것을 표현할 수 있는 기능이 요구된다며 사상이 개성의 모럴이란 세계까지 충만한 깊이를 강조하였지만, 수필의 앞날을 비관적으로 보았다.

김진섭金晉燮은 <수필의 문학적 영역 1939>에서 고도의 지식과 관찰력을 구비한 사람이 방관자적 태도로 인생 사상人生事象을 관찰하여 거기서 느낀 감흥을 솔직히 고백할 때 필자의 지성과 감성이 풍부하면 풍부할수록 또 그것을 고백하는 심경이 고결하면 고결할수록 그 수필의 문학적 생명이 오랠 것은 두말할 것이 없으며, 수필은 누구나 쓸 수 있고 쓰기도 쉬운 대신 좋은 수필을 얻기 곤란하다며 수필의 고결한 문학적 영역을 적극적으로 옹호하였다.

그리고 김팔봉은 <수필문학의 정도 1958>에서 사이비 수필을 불식시키기 위해 작가의 성실과 내성內省을 통해 독자에게 공감과 사색을 주는 수필을 정도正道라 하였지만, 소위 '사이비 수필'을 불식시키는 이론에는 크게 부족하였다.

윤오영尹五榮은 현대수필의 과정을 5단계로 나누었는데, 특이한 점은 신채호申采浩의 <역사상 일천년래일대사건歷史上 一千年來一大事件>을 현대 수필문학의 첫 장으로 꼽은 것이며, 언론인과 학자 그리고 소설가로 이어지는 흐름은 여타의 관점과 유사하였다. 그리고 일찍이 이태준李泰俊과 김용준金瑢俊 그리고 노천명盧天命을 현대수필의 분수령으로 삼았다. 찰스 램을 지향한 피천득과 박지원을 추종한 윤오영은 현대수필 문학에서 튼튼한 허리 역할을 담당하였고, 그 흐름은 지금까지 이어지고 있다.

2

수필과 에세이 간격이 점차 좁혀지고 있다.
 청清의 요내姚鼐는 ≪고문류찬古文類纂≫에서 문장을 13종으로 분류한다.

사물의 이치와 도리를 밝힌 논변論辨, 서문과 발문인 서발序跋, 철학과 국가관을 펼친 주의奏議, 정회 어린 편지 서설書說, 작별할 때 지은 증서贈序, 천자의 명령을 옮긴 조령詔令, 사람이나 죽은 이의 행적을 기록한 전장傳狀, 개인의 사적과 고인의 공덕을 기린 비지碑誌, 신변잡사나 감상을 적은 잡기雜記, 경계하고 새긴 잠명箴銘, 인물이나 저술을 찬양한 찬송贊頌, 시와 산문의 중간체인 사부辭賦, 고인을 애도하고 소원을 빈 애제哀祭로 정리하였다.

그의 문장 분류에서 보듯 중국 문장의 폭은 수필문학의 핵심인 서사성과 서정성 그리고 에세이의 성격이 강한 설리성을 두루 갖추고 있어, 오래 전부터 상당히 포괄적이다.

전국戰國의 장자莊子, 굴원屈原·송옥宋玉의 산체散體를 비롯 후한後漢의 사부辭賦, 위진육조魏晉六朝의 미문美文, 당唐의 한유韓愈·유종원柳宗元의 서사소품, 송宋의 구양수歐陽修와 소동파蘇東坡, 명明의 공안公安·경릉竟陵 소품파, 청淸의 공안파와 청말의 소품파로 연변되고 있으며, 산문의 대하大河에 비추어 볼 때 지류에 지나지 않았던 소품의 체제는 송대의 구양수와 소동파를 거쳐 명대의 이지李贄와 원굉도袁宏道 그리고 청대의 정섭鄭燮과 원매袁枚, 마지막으로 근대의 주작인周作人과 임어당林語堂 그리고 주자청朱自淸까지 도도하게 흘러온다. 특히 송대宋代 소식蘇軾의 <동파소품東坡小品>에서 얼굴을 드러낸 소품이란 명칭은 본래 불학佛學이 흥성하면서 성행을 보았으니, 불전의 번역에 있어 그 상략으로써 불경의 대소를 구별하여 상세본을 <대품大品>, 간략본을 <소품小品>이라 일컫게 된데서 유래하였다고 한다.

수필을 남송南宋 홍매洪邁는 《용재수필容齋隨筆》에서 "생각이나 느낌이 떠오를 때마다 바로 적고, 앞뒤의 순서를 바로 잡지 않았으므로, 수필이라는 제목을 붙였다.(意之所之 隨卽記錄, 因其先後 無復詮次, 故目曰隨筆)"라고 정의하였지만, 이는 결코 오늘의 수필 전신이거나 소품문의 전칭이 아닌 보통명사의 성격이면서도, '수필이라는 제목을 붙였다.'라는 고유명사의 개념을 완전히 무시하지도 못한다. 그리고 송대宋代 갈홍渴洪의 《섭사수필涉史隨筆》, 명대明代 동기창董其昌의 《화선실수필畵禪室隨筆》, 이개립李介立의 《천향각수필天香閣隨筆》, 청대淸代 유월兪越의 《춘재당수필春在堂隨筆》이 있다. 아무튼 '수필隨筆'에서 도출된 '붓 가는 대로'의 규명에서도 설왕설래가 이어지니, 다만 수필의 끝없는 생명력으로 이해하게 된다. 그리고 중국에서는 신문학의 시기에도 수필이라는 명칭

보다는 산문을 선호하였는데, 작가 개성의 발로였으나, 겸사謙辭에서 기인되었다는 설명이다.

우리에게 간접적으로 서양 에세이를 소개한 일본 수필문학은, 고전 3대수필로 평가되는 <침초자枕草子>와 <방장기方丈記> 그리고 <도연초徒然草>에 뿌리를 두고 있으며, 무로마치시대室町 (1388-1573) 이치죠오 가네라一條兼良가 쓴 ≪동재수필東齋隨筆≫이 있으나 현대적 의미의 수필과는 동떨어지고, 에도시대江戶 (1603-1868)에는 수필이 다양해지고 양도 풍성하였으며, 메이지시대 明治(1868-1912)에는 저널리즘의 발달과 서양 에세이의 영향을 받아 수필이 급속히 확산되고 아포리즘 형식인 촌언寸言류의 글들이 눈에 띈다. 그리고 1890년대부터 외국에세이의 영향을 받으면서 일본수필은 오히려 전통적인 수필의 미감에서 벗어나는 경향이었다. 특히 명치유신하의 일본제국은 경찰제도는 프랑스, 육군은 독일, 해군이나 우편제도 등은 영국의 것을 모방했으나, 정신적인 깊이에서는 단연 영국이 표준이었으며, 이토 히로부미가 제국헌법을 기초하고 그것의 조회를 의뢰한 것도 영국의 종합철학자인 스펜서였다. 세계에서 해 지는 법이 없다는 대영제국의 영광과 권위를 안고 있던 정신의 순수성인 영문학이란 19세기 영문학의 영광을

뜻하는 낭만주의의 상상력을 내세울 수 있으며, 영국의 워즈워드와 콜리지 그리고 찰스 램의 일본 유입은 너무나도 자연스런 일이었을 것이다. 사실 그런 영향으로 1930년 무렵 동경대학과 경도대학에서는 램의 《엘리아 수필》이 교재로 채택되었고, 램의 수필 문학관이 근대 혹은 현대 일본수필을 좌우하게 되는 중요한 요소가 된다. 타이쇼시대大正(1912-1926)에는 소위 대정 데모크라시의 영향으로 인생론 철학적 수필과 사회주의자들의 현실사회 비평수필이 양산되었고, 시인 스스키다 큐우킹薄田泣菫이 1916년 이후 대판매일신문大阪每日新聞에 다화茶話를 연재하였다. 1920년대에는 수필은 세련되어졌고, 특히 물리학자 테라다 토라히코寺田寅彦는 참신한 발상과 담백한 문장으로 과학수필을 씀으로써, 근대적 의미에서 지적 수필가 또는 에세이스트로 부를 만한 최초의 인물이 되었다. 1923년에 《문예춘추文藝春秋》가 창간되면서 수필란이 개설되었고, 최초의 수필전문지 《수필》이 창간되며, 쇼와시대昭和(1926) 이후 전문적 수필가들이 등장하였다.

서양 에세이는 프랑스에서 출발한다.
영국에는 문학적 에세이가 많은데 비하여, 프랑스는 대체로 철학적·자아적 에세이가 우세한 편이다. ≪라루스대백과사전≫에 의하면 그 주제, 형태, 구조 등이 좀더 분명히 규정된 장르로 분류될 수 없는 작품들을 흔히 '에세이'라고 부른다고 하였다. 다시 말해, 그 문체·필치의 묘妙와 정서적情緖的인 여운 내지 감흥으로 뛰어난 글, 따라서 '작품'이다. 의지할 규격도 없이 '작품'이 될 수 있는 자유로운 분야에서도 철학, 문학, 사회과학, 자연과학, 심리학, 윤리학 등 다양하다.

에세Essai는 라틴어의 '계량하다·조사하다·음미한다'는 엑시게레Exigere에서 기원한 프랑스어 '시도한다'에서 출발한다. 플라톤의 ≪대화편≫과 아우렐리우스의 ≪명상록≫같은 거작들로 발원하였고, 플루타크와 세네카를 신봉한 몽테뉴는 16세기 산문을 모든 문학사중에서 가장 독창적인 장르로 싹을 틔우고, 자기 자신에 관하여 이야기하면서 비로소 에세라는 형식이 착상되기 시작했다. 그리고 1550년 ≪Les Essais≫ 제1판이 간행되면서 최초이자 최고의 에세이스트로 발돋움하였다. 그는 독서삼매경讀書三昧境의 열락悅樂을 즐기며, 독서여적풍讀書餘滴風의 소감을 해박한 고전지식과 자신의 체험을 보태어 기록하거나, 또는 신변잡사에 관하여 그야말로 '수득록지隨得錄之'하여 자기 성찰을 기록하였다. 그는 나를 깊이 파고듦으로써 나보다 더 큰 것, '인간'을 발견한다고 했다.

무형식의 형식이라 규정하였으며, 명칭상 형식상 여러 가지 내용의 글과 사상을 표현하는 용구로 사용되면서 어떤 특정한 문학형식이나 장르로 고정되지 않은 채 오늘에 전해지는 그들의 에세이는, 인간성에 대한 믿음인 행복은 타자에 대한 배려에서 시작된다는 알랭Alain의 산문Propos, 편견에 반항하면서 관조와 정관의 세계를 바라본 카뮈Camus의 에세Essais 그리고 타인을 배려하면서 독자적인 인식이론에서 나를 추구하였던 발레리Valery의 에세Essais처럼 다양한 형식과 실험적인 자유로 자아탐구 시론을 펼쳐나가고 있다.

정봉구는 프랑스의 에세이를 이렇게 소개한다.

"외국에서의 편향적偏向的인 고정 정립에도 불구하고 본고장 프랑스에서는 Essais를 문학장르의 어떤 틀로 정식화하려는 아무런 고려 없이 작가의 의도 나름으로 Essais의 제재가 혹은 명칭에서 또 혹은 내용형식에서 자유롭게 사용되고 있으며 개념상의 정식을 설정하지 않고 있다. 모름지기 Essais는 소설이나 시와 같이 작품형식의 공통된 격식을 강요치 않는 사색, 사유思惟의 표현이기 때문이라고 본다."

몽테뉴의 바통을 이은 프랜시스 베이컨Bacon이 1620년 ≪The

Essays≫에 현명한 처세법을 명기한 격언식 수필들을 상재하면서 가속되고, 이것이 도화선이 되어 에세이스트의 위치도 확보하고, 에세이는 프랑스와는 달리 문학형식의 장르로 위상을 굳히게 된다. 그리고 베이컨을 포멀과 인포멀의 요소가 복합된 짧은 글을 썼던 사수필Private essay로 분류한다.

영국문학사에서는 문학을 운문Verse과 산문Prose으로 크게 나누는데, 축소 문학이 운문이라면 늘이는 문학은 산문이며, 경험철학에서 유래한 베이컨의 잠언수필Aphorical essay인 고전적인 개념에서 출발하여, 18세기 저널리즘의 발달로 인한 정기간행물에 실린 정기적 에세이Periodical essay에는 잡다한 성격의 미셀러니Miscellany가 주종을 이루었고, 19세기 인간의 감성을 중시한 낭만적 서정적 에세이Lyrical essay가 출현하는데, 다시 에세이는 목적이 뚜렷하고 논지가 확연한 정수필正隨筆인 포멀에세이Formal essay와 문학성을 추구하면서 목적이 없는 비정수필非正隨筆인 인포멀에세이Informal essay로 나눈다.

포멀에세스트로는 17세기에서 19세기에 걸쳐 벤 존슨Ben Jonson과 드라이든Dryden 그리고 심미비평가로 찬란하고도 간결한 문장을 구사한 웰터 페이터Walter Pater가 있는데, 특히 영국의 역사가이면서 프랑스혁명을 서술한 칼라일Carlyle의 ≪영웅숭배론≫과 미국의 지성이었으며 반짝이는 아포리즘의 대가인 에머슨Emerson의 ≪보상론≫등이 있으며, 특히 포멀과 인포멀의 요소가 복합된 짧은 글을 많이 쓴 베이컨이 유명하다. 수필 양식을 갖춘 최초의 인물 찰스 램의 출현은 단연 에세이 역사의 한 획이었다. 램에 이르러 산문작가에서 수필가로 독립시키고 문학적인 수필가Literary essayist 라는 명칭이 주어진다. 19세기 이전에는 운문과 상대되는 것을 모두 산문의 영역에 집어넣었지만, 19세기 영국문학사에서는 베이컨과 램을 산문가라는 영역에서 수필가로 독립시켰다.

버지니아 울프의 ≪대중독자론≫에서 '에세이는 살아있다. 그것이 소멸될 이유가 없다. 에세이스트는 대중의 의견에 민감하기 때문에 스스로 적응하고 최선으로 변화한다.'는 이야기는 미래 수필의 또 다른 약속인 것이다.

3

1938년 우리나라 최초의 수필월간지 ≪박문博文≫이 최영주崔泳柱에 의해 창간되었고, 1961년 최광열崔光烈과 1966년 정규남丁奎南이 동일한 제호로 ≪수필≫을 창간하였으나 필진은 수필가가 아닌 문인을 비롯한 저명인사들이었다. 그리고 이태준이 주간을 맡아 1939년 2월에 창간된 ≪문장≫에 183편의 수필이 실린다. 아무튼 1960년대까지도 정식 수필가들의 활동이 없다가 1970년 정봉구·박연구·윤재천·명계웅 등이 '현대수필동인회'를 결성하여 전문지인 ≪현대수필≫이 창간되고, 다음 해 조경희를 주축으로 '한국수필가협회'가 창립되어 ≪수필문예≫가 탄생되고, 1972년 3월 김승우가 창간하고 김소운과 윤오영의 활약으로 질과 양에서도 눈여겨 볼만한 ≪수필문학≫의 여파로 월간 ≪수필문학≫·≪에세이≫·≪한국수필≫·≪수필과 비평≫·≪한국산문≫ 격월간 ≪수필시대≫·≪에세이스트≫ 계간 ≪수필세계≫·≪수필춘추≫·≪선수필≫·≪창작수필≫·≪에세이 포레≫·≪현대수필≫·≪에세이문학≫·≪에세이21≫·≪계간 수필≫ 등 월간부터 계간까지, 또한 경향각지에서의 무수한 동인지와 여타 종합문예지에 발표되는 수필이 그야말로 홍수를 이루고 있다.

물론 수필인구 확보를 통한 저변확대와 산문의 지평을 넓히는 것은 고무적 현상이건만, 독특한 명분도 없이 산발적인 집단화를 구축한다면 그렇지 않아도 수필다운 수필의 출현이 쉽지 않은 삭막한 풍토로 더욱 고적하게 만들 것이다. 그리고 급변하는 디지털

미디어시대에 구시대적인 저널리즘의 발달에 편승하여 정기간행지에 실린 다양한 종류의 수필류 소위 미셀러니에 만족한다면, 미래문학으로서 현대 에세이로 향하는 길은 멀고도 험하다.

동양의 수필이나 서양의 에세이 모두 서정성과 서사성 그리고 설리성에 근거하여 상충되면서도 서로 보완하는 작용을 끊임없이 지속한 유구한 흐름이었다. 우리나라 수필문학의 발자취는 비록 고답적이면서도 수동적이었지만, 역설적으로 서양과 중국 그리고 일본의 흐름을 관대하게 수용한 지성과 정서의 광장이며, 그 흐름의 이정표가 있다면 한국적인 정서와 사유가 오롯한 현대수필로 탈바꿈하는 힘찬 움직임뿐이다.

박장원 평론집

우물마루

2011년 7월 20일 초판 인쇄
2011년 7월 25일 초판 발행

지은이 박장원 | 펴낸이 김은영 | 펴낸곳 북 나비
출판신고 2007년 11월 19일 제380-2007-00056호
주소 142-868 서울시 노원구 중계동 노원주공2단지ⓐ 202-208
전화·팩스 (02)903-7404, 070-8283-2986
이메일 booknavi@hanmail.net
www.booknavi.co.kr
출력 모노 | 동광인쇄 | 제본 삼화제본

ⓒ 박장원 2011
ISBN 978-89-960449-27-4 03810
값 12,000원

※잘못된 책은 바꿔 드립니다.